1
ABC der Tiere
Arbeitsheft

Ausgabe Bayern **Teil B**

Erarbeitet von
Klaus Kuhn

Illustriert von
Heike Treiber

Name: ______________________________

Klasse: ______________________________

Mildenberger

Inhalt

Die Symbole bedeuten

Text, Silbenteppich, Gedicht oder Reim flüssig und laut lesen.

Schreibe in das Arbeitsheft.

Male in das Arbeitsheft.

Verbinde Silben, Wörter und Bilder.

Sprich und klatsche dazu.

Höre bestimmte Silben heraus.

Silbe Spure nach und schreibe mit zwei Farben.

Klassengespräch

Partner- oder Gruppenarbeit

Hefteintrag

Mit der Lauttabelle lautgetreue Wörter schreiben

1.

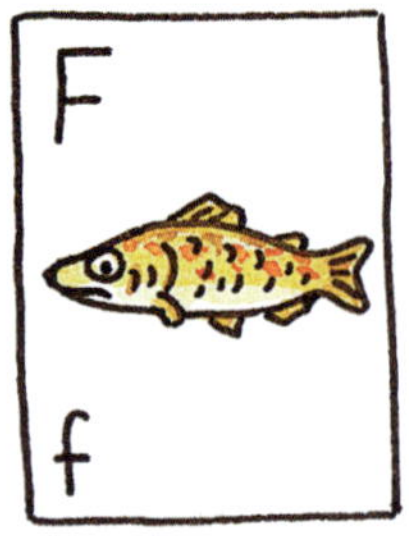

2.

3.

Fische

1. Einführung der Gebärde **f**
2. Zu den Gebärden schreiben: fa, fla, fra
3. Silben abstreichen und Nomen mit zwei Farben schreiben

1.

2. Was al**le** Es**k**imos tun:

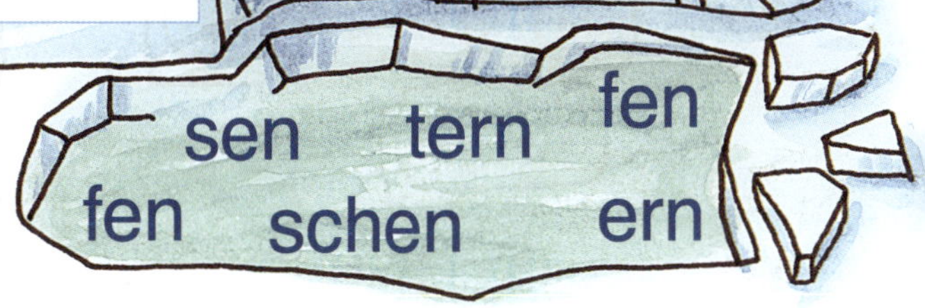

1. Im Klassengespräch alle Bildwörter klären: Faden, Seife, Tafel, Schafe
In Einzelarbeit Bildwörter mit zwei Farben in Häuschen schreiben
2. Silben abstreichen und Verben mit zwei Farben schreiben; Differenzierung: Sätze schreiben

1.

fa	fal	fle	fi	flu	ber	ka
fo	fro	fel	fri	frei	der	ta
wa	fa	we	fi	wo	fo	so
waf	wer	wuf	wo	kei		

2.

werfen

wer — fen

ru

schla

bel

rol

tol

len

schrei

lei

rei

ten

1. Silbenteppich flüssig und laut lesen
2. Verben zusammensetzen und zu den passenden Bildern mit zwei Farben schreiben

Bei den Eskimos zu S. 44, 45

1. –

○ Eskimos essen Fische.
Frische Fische schmecken fein.

○ Das Eis ist offen.
Eskimos fischen mit einer Schnur.

○ Eskimos reisen mit dem Schlitten.
Auf dem Schlitten sind Fische.

○ An der Schnur sind drei Futterbrocken.
Ein Fisch frisst einen Futterbrocken.

1. Texte den Bildern zuordnen und nummerieren

1.

2.

3.

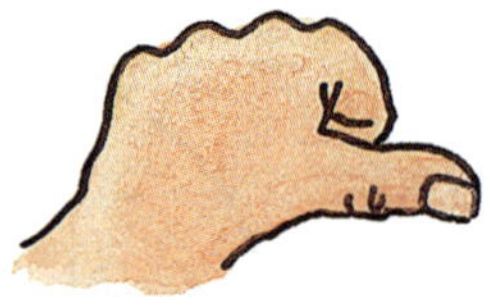

Au Dau Schaum Tau Schau
Schrau Frau Schau Maus

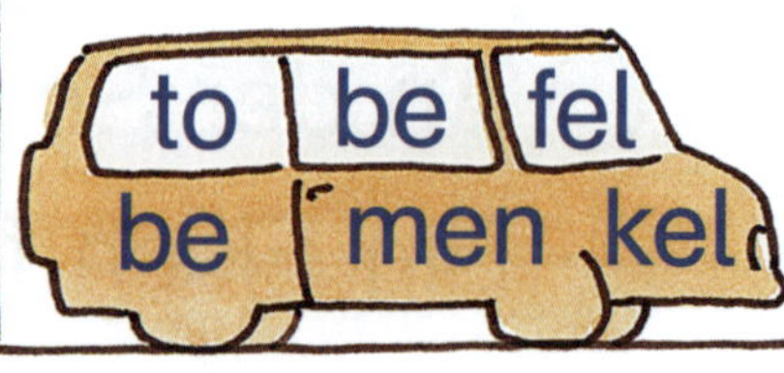

1. Einführung der Gebärde **au**
2. Zu den Gebärden schreiben: au, rau, aus, Maus
3. Silben abstreichen und Nomen mit zwei Farben schreiben

Schule ist aus

zu S. 46, 47

1. –

2. Was alle Kinder tun:

1. Im Klassengespräch alle Bildwörter klären: Schraube, Daumen, Taube, Schaufel
   In Einzelarbeit Bildwörter mit zwei Farben in Häuschen schreiben
2. Silben abstreichen und Verben mit zwei Farben schreiben; Differenzierung: Sätze schreiben

1.

2.

M Maus
L

M Mauer
B

b blau
sch

T Trauben
Sch

K Kraut
B

l laufen
k

1. Silbenteppich flüssig und laut lesen
2. Reimwörter mit zwei Farben schreiben

1.

Klaus kommt

Sein Bruder

Klaus

Sein Daumen

Martin

~~kommt~~
schreit: wartet
wickelt blutet.

Au, au mein Daumen.
im Auto. aus der Schule.
eine Binde um den Daumen.

1. Zu jedem Bild einen ganzen Satz mit zwei Farben schreiben und verwendete Wörter im Wortpool abstreichen.

Geister im Turm

zu S. 48, 49

1.

2.

3.

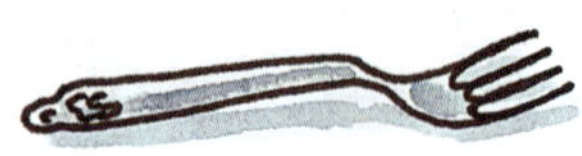

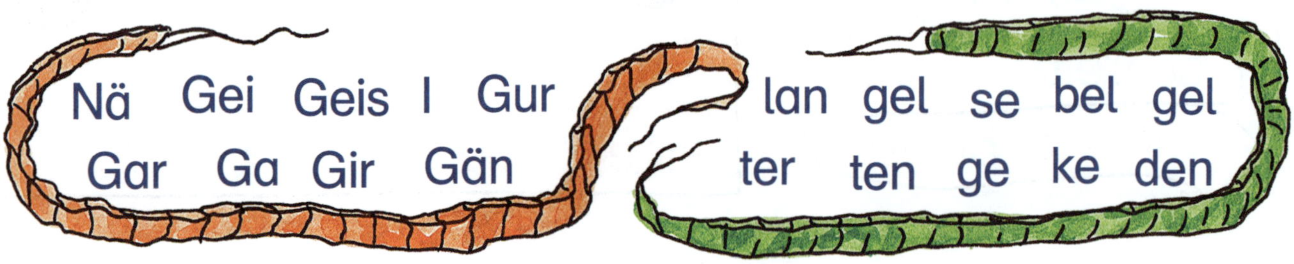

1. Einführung der Gebärde **g**
2. Zu den Gebärden schreiben: gei, gra, grau
3. Silben abstreichen und Nomen mit zwei Farben schreiben

1. –

2.

Was alle Kinder tun:

1. Im Klassengespräch alle Bildwörter klären: Garten, Gurke, Nagel, Geige
   In Einzelarbeit Bildwörter mit zwei Farben in Häuschen schreiben
2. Silben abstreichen und Verben mit zwei Farben schreiben; Differenzierung: Sätze schreiben

1.

gla gei go gu grau

gil ga gel gen gro

kla klei kle ko kru

ge ka glo ku krei

2. G oder K – g oder k

 abel

 arten

 uss

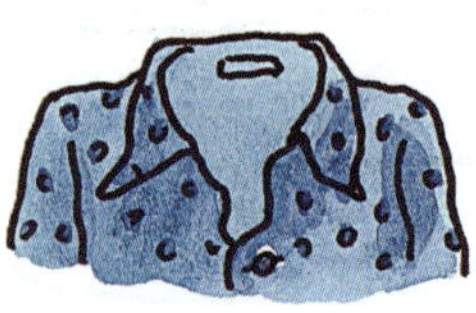 Kra en

1. Silbenteppich flüssig und laut lesen
2. **G/g** oder **K/k** einfügen und Wörter mit zwei Farben schreiben

1.

2.

Es ist Abend. Der ____ scheint.

Alle Kinder treffen am ____ ein

und wollen ein ____ feiern.

Gisela und Gabi schlagen ____ ein.

Beide befestigen ____ daran.

Günter und Robert legen fünf ____

auf den ____. Das schmeckt lecker.

1. Sieben Wörter finden und nachspuren
2. Passende Wörter in die Lücken mit zwei Farben schreiben

1.

2. –

1. Einführung des **ie**: Das **i** hat im Doppelzimmer das **e** als Begleiter
   Merksatz: „Hier ist das dünne **i** allein, das stumme **e** muss bei ihm sein.“
2. Im Klassengespräch alle Bildwörter klären: Biene, Wiese, Fliege, Tiere, Schiene, Wiege, Siebe, Diebe
   In Einzelarbeit Bildwörter mit zwei Farben in Häuschen schreiben

Im Riesenland

1. 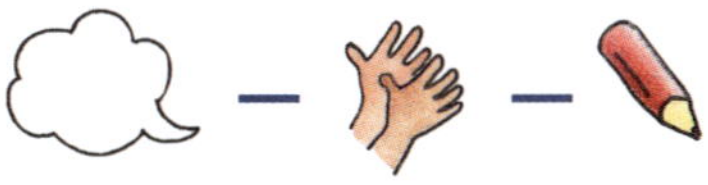

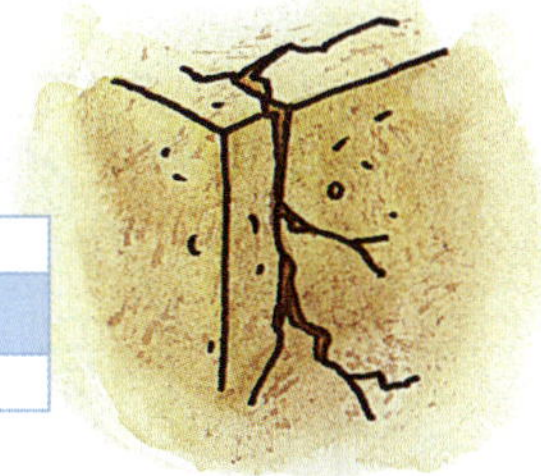

2. 

Was alle tun:

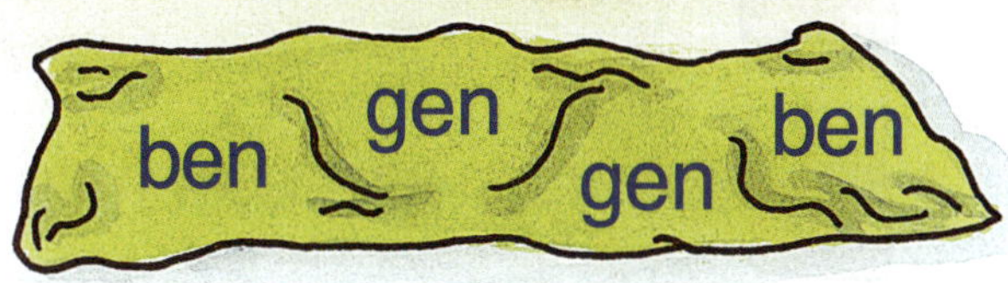

1. Im Klassengespräch alle Bildwörter klären und rhythmisch klatschen: Riese, Risse, Wiese, wissen, schiefe, Schiffe
In Einzelarbeit Silben abstreichen und Bildwörter mit zwei Farben schreiben
2. Silben abstreichen und Verben mit zwei Farben schreiben; Differenzierung: Sätze schreiben

Im Riesenland

1. ie ei

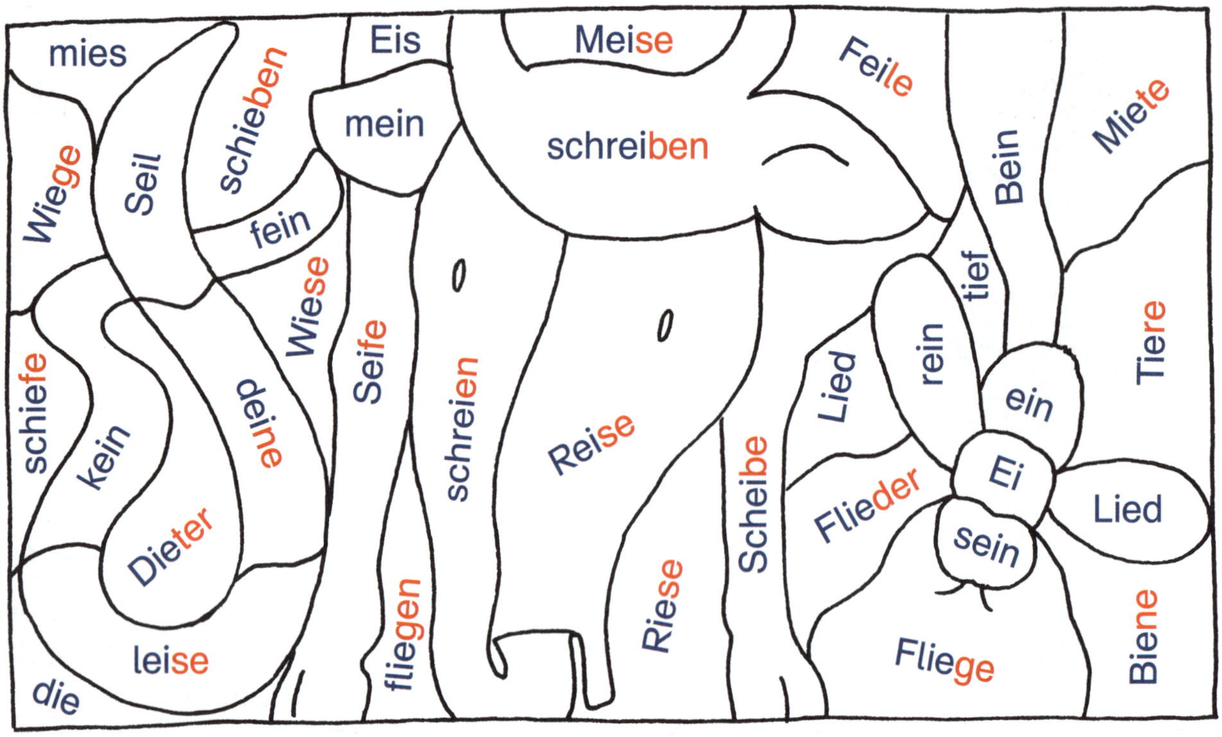

2.

R	Riese	B	Biene
W		Sch	
K	Kiesel	M	Miete
W		N	
D	Diebe	F	Fieber
S		l	

1. Ausmalbild: Unterscheiden von **ie** und **ei**
2. Reimwörter mit zwei Farben schreiben

1.

wa we Wiese Weise

ra re Riese Reise

ba be Biene Beine

scha sche Schiene Scheine

2. – ie oder ei – entscheide und schreibe.

D___ter schläft t___f. Auf ___nmal kann er fl___gen. Er landet auf ___ner W___se.

Dort sind r___sige T___re.

R___sige B___nen und Fl___gen schwirren um R___senblumen.

Da muss D___ter n___sen.

Er schaut auf s___nen Wecker.

Es ist s___ben Uhr.

1. Silbenteppich flüssig und laut lesen
2. **ie** oder **ei** einsetzen und Wörter mit zwei Farben schreiben

1.

2.

3.

1. Einführung der Gebärde **p**
2. Zu den Gebärden mit zwei Farben schreiben: Paula, Peter
3. Silben abstreichen und Nomen mit zwei Farben schreiben

1.

2. Was die Kinder tun:

1. Im Klassengespräch alle Bildwörter klären: Pfeile, Pflaume, Pfeife, Apfel
In Einzelarbeit Bildwörter mit zwei Farben in Häuschen schreiben
2. Silben abstreichen und Verben mit zwei Farben schreiben; Differenzierung: Sätze schreiben

1.

Papageiengeplapper

Der Papagei, der Pipogei,
der plappert Wörter einerlei.
Die Mamagei, die Mimogei,
die legt schon mal ins Nest ein Ei.
Und aus dem Ei, und aus dem Ei
schlüpft 1 2 3 das Mapagei.

2. b/bb oder p/pp?

_acken

_acken

kra_ _eln

kla_ _ern

Schrau_e

Rau_e

Ro_ _e

Ra_ _e

1. Reime flüssig und laut lesen
2. Wörter mit zwei Farben schreiben und dabei **b/bb** oder **p/pp** einfügen

1.

2.

Papa, Mama, Paula und Peter warten

auf die ______________________.

1. Passende Wörter in die Felder mit zwei Farben schreiben
2. Das Lösungswort mit zwei Farben eintragen

1.

2.

3.

1. Einführung der Gebärde **h**
2. Zu den Gebärden mit zwei Farben schreiben: Haus, Hose
3. Silben abstreichen und Nomen mit zwei Farben schreiben

1. –

2. Was die Kinder tun:

1. Im Klassengespräch alle Bildwörter klären: Hase, Haufen, Hose, Hunde
In Einzelarbeit Bildwörter mit zwei Farben in Häuschen schreiben
2. Silben abstreichen und Verben mit zwei Farben schreiben; Differenzierung: Sätze schreiben

Bald ist Ostern

1.

Osterreim

Hinterm Haus ins grüne Gras
hat gelegt der Osterhas'
Eier, rote, gelbe, blaue,
überall wohin ich schaue.
Hans und Heidi finden fleißig
Ostereier an die dreißig.

2. Das tun wir an Ostern:

Die ______ Kinder malen
die ______ Eier mit bunten Farben an.
Sie backen ein ______ Osterlamm
im ______ Backofen.
Die Mutter schmückt ______
einen Osterbaum mit ______ Schokoladeneiern.

draußen, weißen, süßen, heißen, großes, fleißigen

1. Reime flüssig und laut lesen
2. Passende Wörter mit zwei Farben in die Lücken schreiben und im Wörterpool abstreichen

Bald ist Ostern

zu S. 54, 55

1. 👓 – 🖌

Auf der grünen Wiese

Osterhase Peter hält
ein gelbes Ei in der Hand.
Auf dem Rücken trägt er
einen braunen Korb.
Im Korb sind ein rotes
und ein blaues Ei.
Sein Kopf, seine Hände
und seine Beine sind braun.
Das Hemd ist lila.
Seine Hose ist rot.
Er trägt weiße Socken
und blaue Schuhe.

1. Text lesen und Hase entsprechend ausmalen

1.

2.

3.

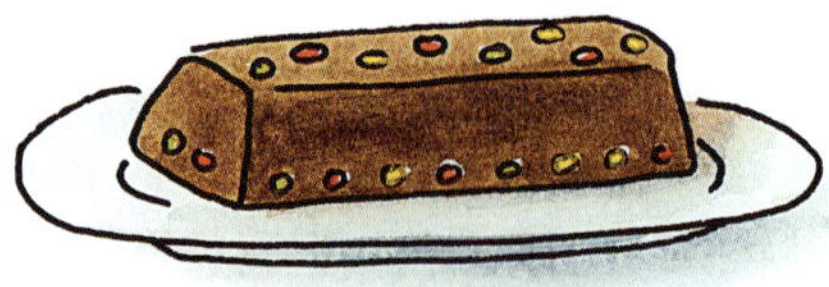

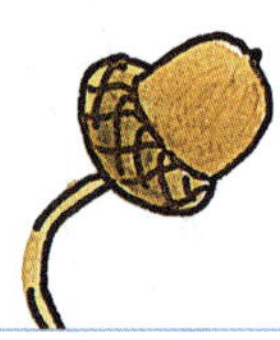

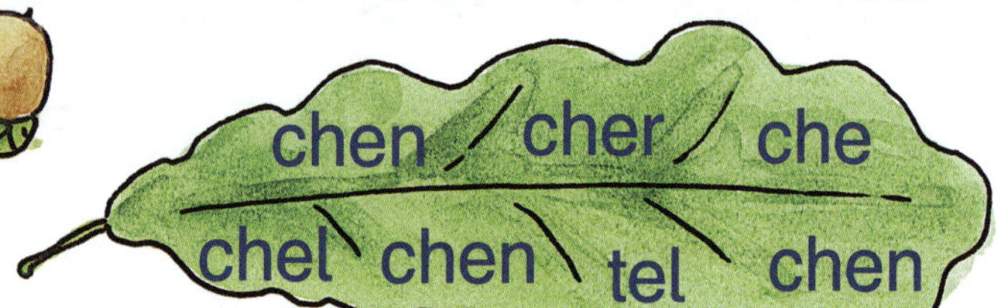

1. Einführung der Gebärde **ch**
2. Zu den Gebärden schreiben: Licht, Nacht
3. Silben abstreichen und Nomen mit zwei Farben schreiben

1.

m	machen	r	reichen
l		w	
w		schl	
B	Bach	R	Rauch
D		B	
Sch		L	
Kr		Schl	

2.

~~Kirchen~~
Kirschen schmecken lecker.

Mio taucht / tauscht nach Muscheln.

1. Reimwörter mit zwei Farben schreiben
2. Falsche Wörter streichen und Sätze mit zwei Farben schreiben

1.

Wichtel in der Nacht

Nur heimlich in der Nacht
der Wichtelmann erwacht.
Er webt ein weiches Tuch.
Er schreibt ein dickes Buch.
Am Tag im hellen Licht
sieht man den Wichtel nicht.

2. Was Wichtel machen:

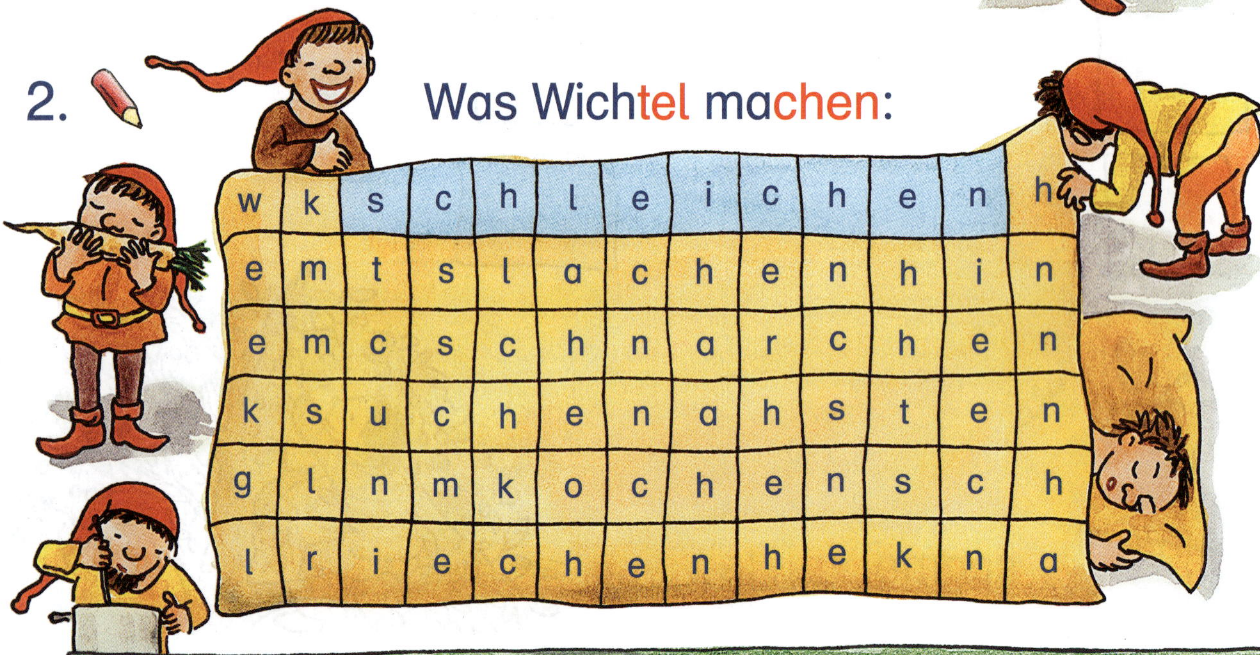

w	k	s	c	h	l	e	i	c	h	e	n	h
e	m	t	s	l	a	c	h	e	n	h	i	n
e	m	c	s	c	h	n	a	r	c	h	e	n
k	s	u	c	h	e	n	a	h	s	t	e	n
g	l	n	m	k	o	c	h	e	n	s	c	h
l	r	i	e	c	h	e	n	h	e	k	n	a

1. Reime flüssig und laut lesen
2. Sechs Verben markieren und mit zwei Farben schreiben

Tiger in Indien

zu S. 58, 59

1.

Tiger sind ______________.

Sie fressen nur ______________.

Ihre Heimat ist ______________.

Leider werden ______________ oft getötet,

weil sie ein schönes ______________ haben.

Manchmal fressen Tiger auch ______________.

Tawu muss die ______________ hüten. Er fürchtet die Tiger.

In der ______________ macht er ein Feuer,

damit die Tiger nicht an das ______________ kommen.

2. Beschreibe ein Tier.

1. Im Klassengespräch mögliche Lösungen besprechen
In Einzelarbeit passende Wörter mit zwei Farben in die Lücken schreiben und im Wörterpool abstreichen
2. Eigene Texte verfassen

1. –

2.

Die Kater schnurren.

Die

1. Im Klassengespräch Zuordnung klären und in Einzelarbeit Nomen und Verben verbinden
2. Sätze mit zwei Farben schreiben

1. Simsalabim, aus 1 mach 2.

Gans

a

ä

Gänse

2.

 Lamm a ä 

 Schwan a ä 

 Apfel A Ä 

 Glas a ä 

 Mann a ä 

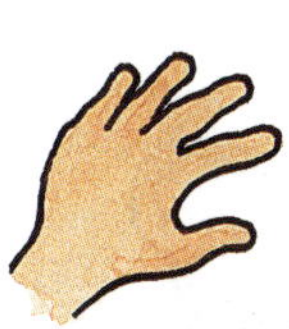 Hand a ä 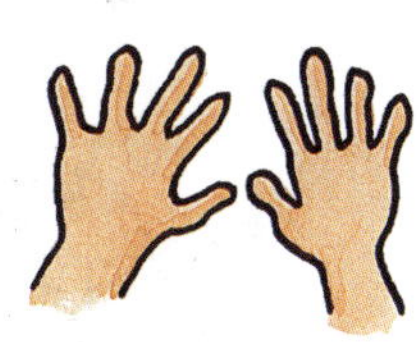

1. Im Klassengespräch Pluralbildung **a ä** besprechen
2. Nomen mit zwei Farben nachspuren, Plural bilden und mit zwei Farben schreiben

1.

Kinderreim

Häschen in der Grube
saß und schlief, saß und schlief.
Armes Häschen bist du krank,
dass du nicht mehr hüpfen kannst?
Häschen hüpf, Häschen hüpf!

2. große Tiere – kleine Tiere

 Hase – Häschen 

 Schaf – 

 Gans – 

 Affe – 

1. Kinderreim flüssig und laut lesen
2. Nomen mit zwei Farben nachspuren, fehlende Verkleinerungsformen mit zwei Farben schreiben

Auf dem Bauernhof

zu S. 60, 61

1. Finde die Tiere.

E	F	B	U	L	L	E	B	H	A	S	E	L	A
E	M	A	U	S	B	E	B	H	A	E	N	T	E
K	A	T	E	R	T	E	B	H	E	N	N	E	A
E	F	B	H	O	F	H	U	N	D	S	E	L	A
E	F	O	H	L	E	N	U	N	P	F	E	R	D

2. Wo leben die Tiere?

Diese Tiere leben alle

auf dem ______________.

1. Nomen markieren
2. Mit zwei Farben passende Nomen in die Felder schreiben und Lösungswort eintragen

Störche

zu S. 62, 63

1.

2.

Störche

1. Im Klassengespräch die Nomen im Bild klären
2. Silben abstreichen und Nomen mit zwei Farben schreiben

1.

Simsalabim

Ort Sp

echt Sp

Eiche Sp

2.

Speisekarte

Spinatnudeln

Spiegeleier

Speckbrot

Spaghettieis

Bananensplit

3.

Was isst du gerne? Schreibe deine Speisekarte.

1. Zauberwörter finden: **Sp** hinzufügen und mit zwei Farben schreiben
2. Wörter mit zwei Farben in die Speisekarte schreiben
3. Eigene Texte verfassen

1.

Der Klapperstorch

Klapperstorch und Klapperstorch
klappern auf dem Neste, horch!
Klappern, wir sind wieder da
aus dem fernen Afrika.
Flogen über die Türkei,
legen bald ins Nest ein Ei.

2. St oder Sp?

ern

orch

innen

iegel

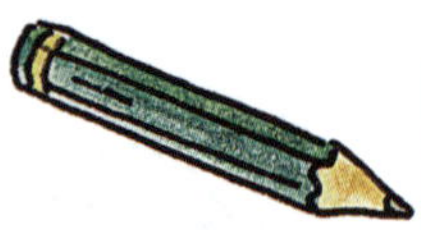

ift

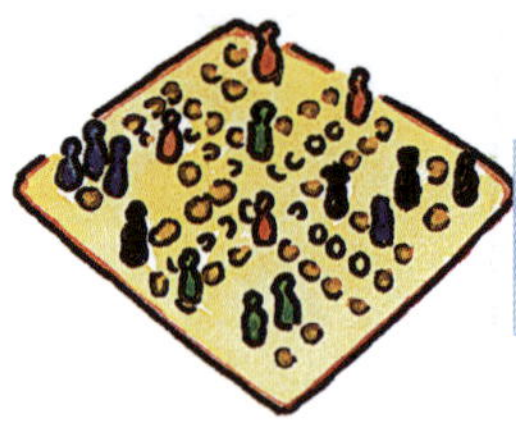

iel

echt

uhl

ein

anien

1. Reime flüssig und laut lesen
2. **St** oder **Sp** einfügen und Nomen mit zwei Farben schreiben

1.

Störche

Kleine Störche

Störche

Störche

Störche

überwintern
flattern
klappern
fliegen
fressen

mit dem Schnabel
Frösche
in Afrika
über Istanbul
im Nest

2. Hast du auch schon ein Tier beobachtet? Schreibe.

1. Zu jedem Bild ein passendes Verb und eine passende Ergänzung aus dem Wörterpool oder ganze Sätze mit zwei Farben schreiben
Die benutzten Wörter im Wörterpool abstreichen
2. Eigene Texte verfassen

Zoo

zu S. 64, 65

1.

2.

3.

1. Einführung der Gebärde **z**
2. Zu den Gebärden mit zwei Farben schreiben: Zebra, zwei!
3. Silben abstreichen und Nomen mit zwei Farben schreiben

1. –

2.

Was Tiere tun:

1. Im Klassengespräch alle Bildwörter klären: Ziege, Brezel, Kerze, Wurzel
   In Einzelarbeit Bildwörter mit zwei Farben in Häuschen schreiben
2. Silben abstreichen und Verben mit zwei Farben schreiben; Differenzierung: Sätze schreiben

1.

Zoogedicht

Die Bären brummen,
die Bienen summen.
Die Tauben gurren,
die Wölfe knurren.
Die Störche klappern,
die Kinder plappern.
Den ganzen Tag die gleiche Leier,
Papa Strauß bewacht die Eier.

2. Was machen die Tiere?

1. Gedicht flüssig und laut lesen
2. Tiernamen und Verben aus dem Gedicht mit zwei Farben schreiben

1.

Mia und Mio

Mio

Mia

Sie

Sie

beobachten | bezahlen | die Menschenaffen
gehen | hält | zum Tor hinaus | ein Häschen im Arm
an der Zookasse | eine braune Ziege | streichelt

1. Zu jedem Bild mit einem passenden Verb und einer passenden Ergänzung aus dem Wörterpool einen ganzen Satz bilden und mit zwei Farben schreiben
Benutzte Wörter im Wörterpool abstreichen

1.

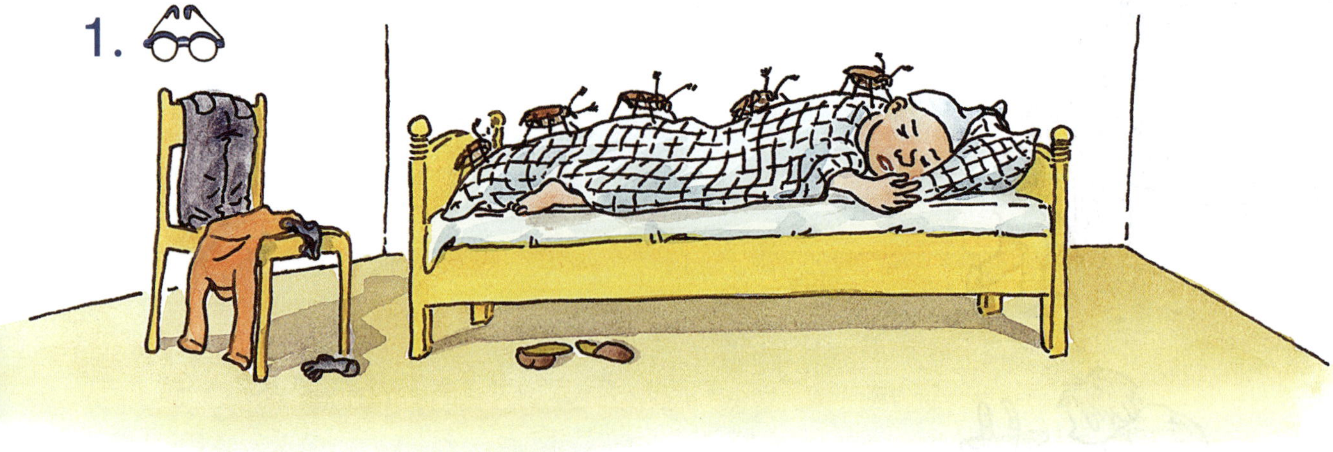

Doch die Käfer, kritze, kratze!

Kommen schnell aus der Matratze.

nach Wilhelm Busch

2. Immer ein Buchstabe fehlt.

atratze

atze

atze

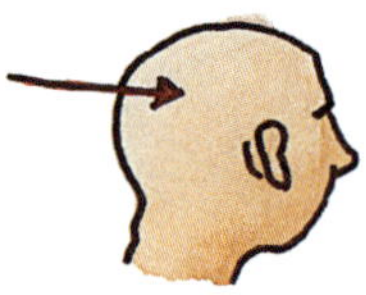

latze

Spatze

Sp tzen

sp itzen

1. Reim lesen
2. Fehlende Buchstaben ergänzen und mit zwei Farben schreiben

1. Aus zwei Wörtern wird eins.

+  = Maikäfer 

+  = 

+  = 

+  = 

2.

Er regierte ein großes Reich:

der ______.

1. Wörter zusammensetzen und mit zwei Farben schreiben
Verwendete Wörter abstreichen
2. Passende Wörter in die Felder mit zwei Farben schreiben und Lösungswort eintragen

Max und Moritz

1.

Fünfter Streich

Max und Moritz, immer munter,
schütteln sie vom Baum herunter.
In die Tüte von Papiere
sperren sie die Krabbeltiere.
Fort damit und in die Ecke
unter Onkel Fritzens Decke.

nach Wilhelm Busch

2. Wir reimen wie Wilhelm Busch

Im Zimmer steht der Schrank,
im Garten eine ______.
Es lacht gar laut der Enkel
und haut sich auf die ______.
Wenn wir an Ostern denken,
uns Ostereier ______.
Aus Dubai kommt der Tanker
und lässt hinab den ______.

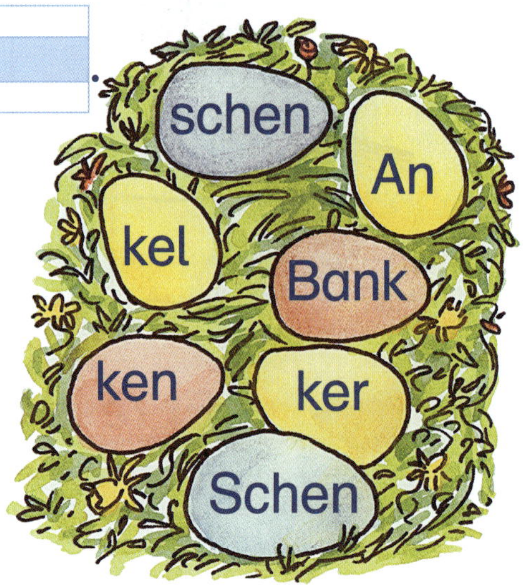

1. Reime flüssig und laut lesen
2. Passende Wörter mit zwei Farben in die Lücken schreiben und Silben abstreichen

Max und Moritz zu S. 66, 67

1. 👓 – ✏️

Max und ________ schütteln

________ herunter.

Sie stecken die ________

unter Onkel Fritzens ________.

Onkel ________ geht ins Bett.

Die Käfer ________ seine Nase.

Er wacht auf und ________.

Onkel Fritz packt einen ________

und ________ und trampelt alle tot.

Nun kann er wieder ________ schlafen.

1. Passende Wörter mit zwei Farben in die Lücken schreiben und im Wörterpool abstreichen

In der Bäckerei

zu S. 68, 69

1.

2.

3.

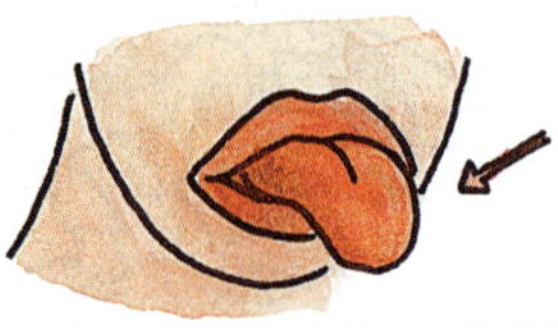

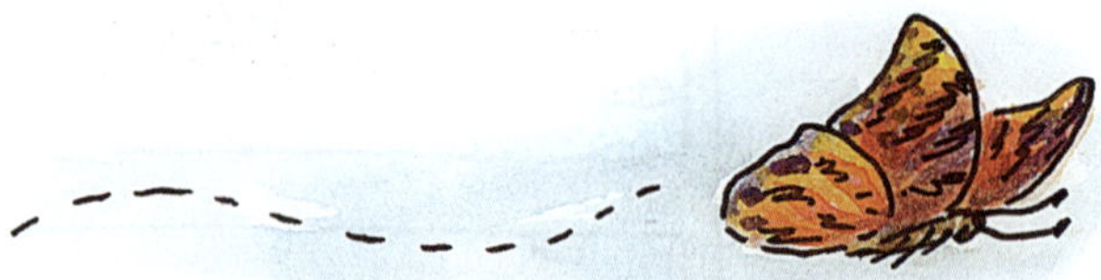

1. Einführung der Gebärde **ng**
2. Zu den Gebärden mit zwei Farben schreiben: Finger, lang
3. Silben abstreichen und Nomen mit zwei Farben schreiben

1.

singen
sinken

Angel
Anker

Schlange
Schranke

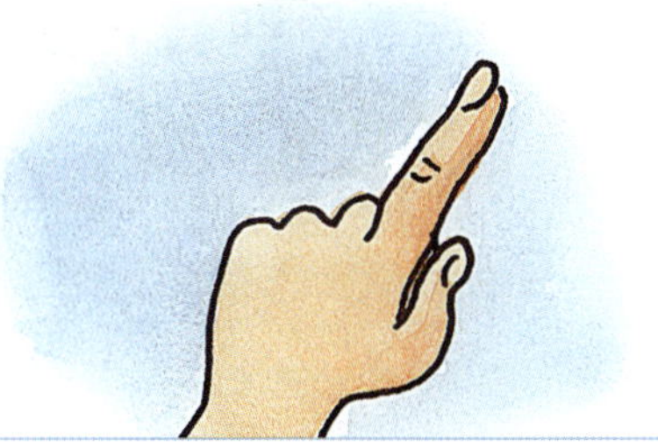

Finger
Finken

Engel
Enkel

1. Im Klassengespräch den Unterschied **ng** – **nk** besprechen
In Einzelarbeit Wörter mit zwei Farben schreiben

Die Geschichte vom Raben Jakob zu S. 70, 71

1. 

2. 

3. 

1. Einführung der Gebärde **j**
2. Zu den Gebärden mit zwei Farben schreiben: Jaguar, ja
3. Silben abstreichen und Nomen mit zwei Farben schreiben

Die Geschichte vom Raben Jakob zu S. 70, 71

1.

Der Jaguar	schmeckt lecker.
Das Jahr	geht auf die Jagd.
Der Januar	spielt Jo-Jo.
Der Joghurt	hat 4 Jahreszeiten.
Der Jäger	ist eine Raubkatze.
Der Junge	ist der erste Monat.

2.

Der Jaguar ist eine Raubkatze.

1. Satzanfang mit dem passenden Satzende verbinden
2. Sätze mit zwei Farben schreiben

Die Geschichte vom Raben Jakob zu S. 70, 71

1.

Der Jaguar

Der Jaguar lauert.
Der Jaguar lauert.
Jetzt schleicht er sich an.
Jetzt schleicht er sich an.
Das Äffchen, das am Boden kauert,
das Äffchen, das am Boden kauert,
springt weg so schnell es eben kann,
springt weg so schnell es eben kann.

Martin Geck

2.

Sein gelbes Fell hat _______ _______.

Jaguare leben im _______.

Sie können _______ und _______.

Sie jagen kleine _______.

Im Fluss fangen sie _______.

schwimmen – klettern – Flecken – Regenwald – Schildkröten – Affen – schwarze

1. Reime flüssig und laut lesen
2. Passende Wörter mit zwei Farben in die Lücken schreiben und im Wörterpool abstreichen

Die Geschichte vom Raben Jakob zu S. 70, 71

1.

2. Richtig oder falsch? Schreibe ja oder nein.

Der Jäger heißt Jan. nein

Er hat eine grüne Jacke an.

Er hat einen Jägerhut auf.

Er hat seine Jagdflinte dabei.

Der Jagdhund Jockel hat ein schwarzes Fell.

Der Rabe Jakob hat weiße Federn.

1. Nomen der Abbildung zuordnen, im Wörterpool abstreichen und mit zwei Farben schreiben
2. Sätze mit „ja“ oder „nein“ beantworten

Eulen jagen in der Nacht

1.

2.

3.

1. Einführung der Gebärde **eu**
2. Zu den Gebärden schreiben: Freund, neun
3. Silben abstreichen und Wörter mit zwei Farben schreiben

Eulen jagen in der Nacht

zu S. 72, 73

1. –

2. Was Kinder tun:

sich

1. Im Klassengespräch alle Bildwörter klären: Beute, Teufel, Leute, Beutel
   In Einzelarbeit Bildwörter mit zwei Farben in Häuschen schreiben
2. Silben abstreichen und Verben mit zwei Farben schreiben; Differenzierung: Sätze schreiben

Eulen jagen in der Nacht

zu S. 72, 73

1.

Die Eule

Abends gegen neune
in der alten Scheune
hört man ein Geheule,
so ruft die Schleiereule.
Schlafen nachts die Leute,
jagt sie ihre Beute.
Schuhu, schuhu
um Mitternacht ist Ruh.

2. Simsalabim, aus ei wird eu.

nein ei → eu

Eile Ei → Eu

Feier ei → eu

heilen ei → eu

Scheine ei → eu

1. Gedicht flüssig und laut lesen
2. Wörter nachspuren, **ei**/**Ei** durch **eu**/**Eu** ersetzen und mit zwei Farben schreiben

Eulen jagen in der Nacht

zu S. 72, 73

1. 👓 – ✏️

_____ Pfadfinder beobachten Tiere.

Hinter der _____ liegen Bällchen.

Sebastian breitet ein _____ Tuch aus.

Die _____ untersuchen das Gewölle.

Da sind Reste der _____.

Wo sind die _____ am Tag?

Sebastian sagt: „Sie sind _____.

Wir sehen mal in der _____ nach."

Da sitzt eine Eule auf dem _____.

Die Kinder _____ sich.

Freunde	Eulen	scheu	Scheune	freuen
Scheune	Neun	Beutetiere	neues	Heuboden

1. Passende Wörter mit zwei Farben in die Lücken schreiben und abstreichen

Vogelnest im Garten zu S. 74, 75

1\.

2\.

3\.

1. Einführung der Gebärde v
2. Zu den Gebärden mit zwei Farben schreiben: Eva, Vater
3. Silben abstreichen und Nomen mit zwei Farben schreiben

1.

2.

Was hörst du?

V wie F

vier

V wie W

1. Im Klassengespräch alle Bildwörter klären: Larve, Vater, Kurve, Vogel
In Einzelarbeit Bildwörter mit zwei Farben in Häuschen schreiben
2. V-Wörter nach Gehör zuordnen, Silben und Bild abstreichen und mit zwei Farben schreiben

1. 👓

Amselmann und Amselfrau

Gelber Schnabel, schwarze Feder,
Amselmann, so kennt dich jeder.
Schöner als die Amselfrau,
braune Feder, Schnabel grau.
Morgens und am Abend lang
erfreust du uns mit dem Gesang,
dort oben auf dem höchsten Ast.
Sei uns willkommen, lieber Gast.

2. ✏ Trage die Farbe ein.

	Amselmann	Amselfrau
Federkleid		
Schnabel		

3. ✏ Schreibe ja oder nein.

	Amselmann	Amselfrau
Augenring		
Gesang		

1. Gedicht flüssig und laut lesen
2. Passende Farben in die Tabelle als Wörter eintragen
3. Ja oder nein in die Tabelle eintragen
   Informationen aus den Lesetexten ableiten oder aus anderen Quellen besorgen

Vogelnest im Garten

zu S. 74, 75

1.

Eva und Vater

Der Amselvater

Die Vogeleltern

Die Vogelkinder

Die Katze

1. Sätze nach dem Text in der Silbenfibel ergänzen und mit zwei Farben schreiben

1. – Finde die Unterschiede.

2. Simsalabim, aus au wird äu

 ein Strauch  viele

 ein Baum 

 ein Zaun 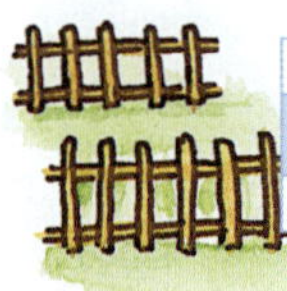

 ein Haus 

 eine Maus 

 ein Traum 

1. Sechs Unterschiede finden:
   1 Baum – 3 Bäume; 1 Zaun – 3 Zäune; 1 Haus – 4 Häuser; 1 Maus – 4 Mäuse; 1 Strauch – 4 Sträucher; 1 Traum – 2 Träume
   Im Klassengespräch Lösung besprechen
2. Mit zwei Farben unbestimmten Artikel und Wörter nachspuren, Plural mit „viele“ bilden und schreiben

1. –

2. Simsalabim, aus groß wird klein

 ein Zaun  ein Zäunchen

 ein Haus 

 ein Baum 

 eine Maus 

 ein Daumen 

 eine Faust 

1. Im Klassengespräch alle Bildwörter klären: Bäume, Häuser, Mäuse, Zäune
   In Einzelarbeit Bildwörter mit zwei Farben in Häuschen schreiben
2. Mit zwei Farben unbestimmten Artikel und Wörter nachspuren, Verkleinerung mit „chen“ bilden und schreiben

1.

Räuber	kaufen
Käufer	aufräumen
Läufer	schäumen
Raum	rauben
Traum	laufen
Schaum	träumen

2.

Räuber — rauben

1. Nomen und Verben verbinden
2. Passende Wörter aus Aufgabe 1 mit zwei Farben schreiben

1.  – 

Wovon Mäuschen träumen

Zwei  ________ träumen

in ihrem  ________.

Sie rennen an  ________ vorbei.

Sie schlüpfen durch  ________.

Sie springen durch  ________.

Auf einmal stehen sie vor einem Schloss.

Am Eingang sind hohe 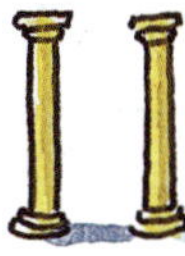 ________.

Leise trippeln sie durch die  ________

und schnuppern: Mmh,  ________!

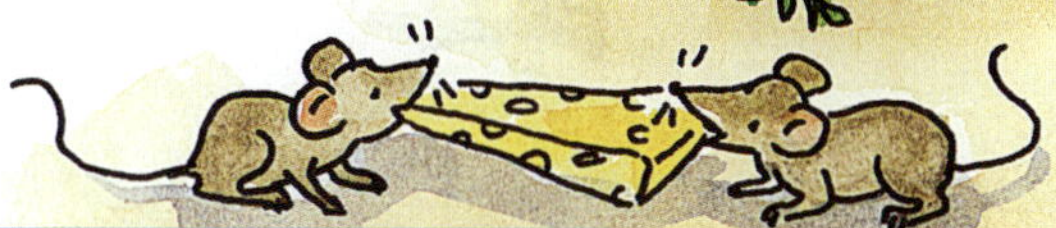

Sie finden leckeren Käse und

schleppen ihn weg – die  ________.

1. Silben abstreichen und passende Nomen mit zwei Farben in die Lücken schreiben

1.

2.

3.

Quar | A | Quer | Qual | qua | flö | ri | le

Quel | Quiz | Qualm | Quark | um | le | tett | te

1. Einführung der Gebärde **qu**
2. Zu den Gebärden schreiben: Quark, Quirl
3. Silben abstreichen und Nomen mit zwei Farben schreiben

1.

quengeln

quieken

quaken

qualmen

quasseln

quietschen

2.

Die Kinder quengeln.

Kinder

Schlote

~~Kinder~~

Schweine

Frösche

Reifen

1. Im Klassengespräch Zuordnung klären und in Einzelarbeit verbinden
2. Sätze mit zwei Farben schreiben und verwendete Wörter im Wörterpool abstreichen

1.

Der Frosch

Auf meinem kleinen Gartenteich,
da treibt ein grünes Blatt,
und auf dem Blatt, da döst ein Frosch
vom vielen Springen matt.
Da schreckt er auf: „Es klappert, horch!
Jetzt wird es ernst, das ist der Storch!“
Ein letzter Sprung bringt Rettung heute.
Der Storch zieht weiter ohne Beute.

2. Wir reimen lustig weiter:

Der Frosch sitzt in der Pfütze
und trägt 'ne rote ______.
Die steht ihm auch sehr gut,
viel besser als ein ______.
Er schwimmt im Teich, der kleine Mann,
und quakt und quakt so laut er ______.
Kommt eine Fliege vor sein Maul
schnappt er gleich zu und ist nicht ______.

1. Gedicht flüssig und laut lesen
2. Passende Wörter mit zwei Farben in die Lücken schreiben und abstreichen

1. 👓 – ✏️

Eva wohnt in einer ____________.

Das Haus steht in einem ____________.

Aus einer ____________ fließt Wasser

in einen großen ____________.

Jeden Abend ____________ die Frösche.

Libellen ____________ durch die Luft.

Goldfische ____________ im klaren Wasser.

Frösche ____________ nach Fliegen.

Sie legen sehr viele ____________.

Aus den Eiern schlüpfen ____________.

Sie entwickeln sich zu ____________.

1. Silben abstreichen und passende Wörter mit zwei Farben in die Lücken schreiben

Auf dem Ponyhof

zu S. 80, 81

1.

2.

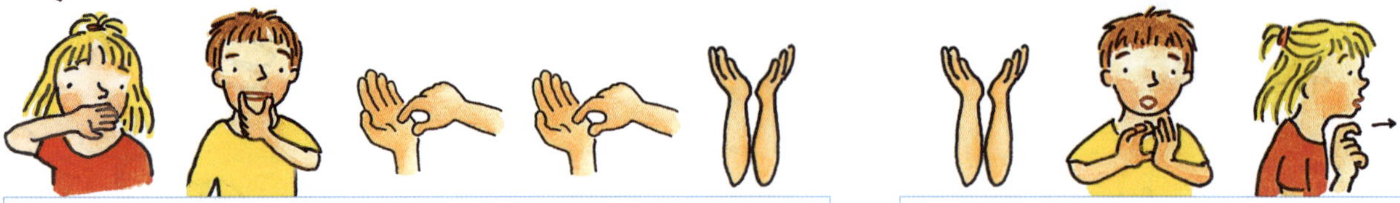

3.

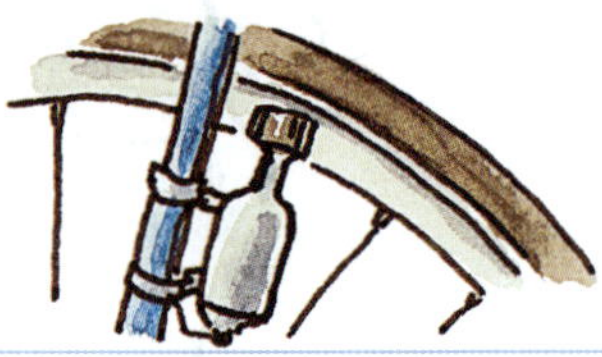

Han Yo Dy Zy Gy na lin mo ros dy

Ba Yacht Yak Po ny ga by der

1. Einführung der Gebärde **y**
2. Zu den Gebärden schreiben: Teddy, Yak
3. Silben abstreichen und Nomen mit zwei Farben schreiben

1.  Y und y können klingen wie in

Pony

Pyramide

Yak

2. 

 Yacht

 Baby

 Olympia

 Hobby

 Dynamo

 Yeti

 Labyrinth

 Handy

 Yoga

 Python

 Yasmin

 Teddy

3. 

wie in Pony	wie in Pyramide	wie in Yak

1. Im Klassengespräch y-Laute unterscheiden
2. Je nach Klang die y-Laute mit den 3 Farben passend nachspuren
3. Nomen von Aufgabe 2 mit zwei Farben in die richtige Spalte schreiben

1.

Das kleine Pony

Ich bin ein kleines Pony,
mein Reiter, der heißt Conny.
Ruft Conny einmal: Hopp!
Dann laufe ich Galopp.
Und bin ich richtig schlapp,
dann werf ich Conny ab.

Klaus W. Hoffmann

2.

Conny braucht zum Reiten einen ______.

1. Gedicht flüssig und laut lesen
2. Passende Wörter in die Felder mit zwei Farben schreiben und Lösungswort eintragen

1. Wie gelangt Sylvia zum Ponyhof?

Papa schreibt:

1. Richtigen Weg finden und Lösungssatz mit zwei Farben schreiben

1.

2.

1. Im Klassengespräch Wörter im Bild mit **C/c** und **Ch** klären
2. Silben abstreichen und Wörter mit zwei Farben schreiben

Clowns im Zirkus

zu S. 82, 83

1.

Zirkusglück

Die kleinen und die großen Leute
kommen in den Zirkus heute.
Erleben in dem hohen Zelt
eine zauberhafte Welt.
Der Cowboy führt die Pferde vor.
Von Clowns ertönt Musik im Chor.
Bravo, rufen groß und klein.
Zum Schluss erlischt der Lichter Schein.

2.

W	C	O	W	B	O	Y	I	C	E	N	T
E	M	T	C	L	O	W	N	E	N	H	I
C	A	C	O	M	P	U	T	E	R	E	C
R	C	H	A	M	Ä	L	E	O	N	V	H
E	F	C	H	I	N	E	S	E	S	C	O
M	S	Z	C	O	M	I	C	L	H	O	R
E	G	C	A	M	P	I	N	G	E	L	N
O	D	R	A	C	U	L	A	H	J	A	B

1. Gedicht flüssig und laut lesen
2. Wörter finden, färben und passende Bilder ankreuzen

1. Ordne zu.

- (1) Er trägt Stiefel mit Sporen. C
- ( ) Er ist ein Spaßmacher. o
- ( ) Seine Jacke hat Fransen. w
- ( ) Er knallt mit der Peitsche. y
- ( ) Er hat eine rote Nase. w
- ( ) Er hat Schminke im Gesicht. n
- ( ) Er führt die Pferde vor. o
- ( ) Er spielt die Piccolo-Flöte. l
- ( ) Er trägt einen Hut mit breitem Rand. o
- ( ) Die Leute lachen über ihn. C

2. Finde die beiden Lösungswörter.

(1) | C | | | b | |

(2) | | | | | |

1. Sätze Clown oder Cowboy zuordnen
2. Passende Lösungswörter finden und mit zwei Farben schreiben

1. 

2.  Warst du schon einmal im Zirkus?

1. Sätze nach dem Text in der Silbenfibel mit zwei Farben schreiben
2. Eigene Texte verfassen

1.

2.

3.

1. Einführung der Gebärde **x**
2. Zu den Gebärden mit zwei Farben schreiben: Trixi, Axt
3. Silben abstreichen und Nomen mit zwei Farben schreiben

1.

Das x-Gedicht

Mit x, mit x, mit x,
da gibt es wirklich nix.
Kein Vogel, Käfer, Säugetier
beginnt mit x, das glaube mir.
Musik mit x, das gibt es schon:
Man macht sie auf dem Xylofon.
Probier es einfach aus,
es wird schon was daraus!

Martin Geck

2. – Ergänze die Bilder.

Trixi fliegt auf ihrem Hexenbesen.

Xaver geht mit seinem Boxer spazieren.

Abraxas sitzt auf der Kirchturmspitze.

Trixi mixt zwei Becher Hexenlimo.

1. Gedicht flüssig und laut lesen
2. Bilder passend zu den Texten ergänzen

1.

① Trixi ist eine kleine …

② Trixi kauft einen …

③ Der Rabe heißt …

④ Der Besenbinder heißt …

⑤ Trixi nennt den Besen …

⑥ Trixi saust dahin wie ein …

⑦ Trixi sagt: „Fliegen macht … .“

⑧ Trixi bleibt beinahe am … hängen.

⑨ Trixi findet den Zauberspruch im …

2.

Lösung:

Trixi mixt zwei Becher ______.

1. Passende Wörter zu den Sätzen in die Felder mit zwei Farben schreiben
2. Lösungswort mit zwei Farben schreiben

Der Rotfuchs zu S. 88 – 91

1.

Der Fuchs hat eine große Ähnlichkeit mit dem Hund
und gehört zur Familie der Wildhunde.
Sein Fell ist rotbraun.
Er hat spitze Ohren und einen buschigen Schwanz.

Die Füchsin kümmert sich um die Behausung.
Sie gräbt mit ihren Krallen einen Bau
mit mehreren Ausgängen in die Erde.
Hier schlafen die Füchse am Tag.
Wenn die Sonne untergeht,
machen sie sich auf die Suche nach Nahrung.

Im Frühjahr bringt die Füchsin 4 bis 6 Junge zur Welt.
Die Fuchswelpen sind am Anfang blind und haben ein wolliges Fell.
Nach 12 bis 14 Tagen öffnen sie ihre Augen.
Ungefähr 4 Wochen werden sie von der Fuchsmutter gesäugt.
Danach erhalten sie vorgekaute Nahrung.

Wenn sie etwas größer sind, ernähren sie sich
von kleinen Beutetieren wie Mäuse und Feldhamster.
Ausgewachsene Füchse jagen Kaninchen, Rebhühner und Feldhasen.
Sie fressen auch Früchte wie süße Kirschen und Pflaumen.
Vogeleier und Insekten stehen ebenfalls auf ihrem Speiseplan.

Der Fuchs hat aber auch Feinde.
Der Steinadler in den Alpen kann ausgewachsene Füchse schlagen.
Der Uhu in unseren Wäldern erbeutet gerne Jungfüchse.
Viele Füchse werden nachts von Autos überfahren.

Der Rotfuchs – Fragen zum Text zu S. 88 – 91

1.

Kreuze an: Der Fuchs hat Ähnlichkeit mit …

einem Waschbären. ☐ einem Hund. ☐ einem Dachs. ☐

Wer gräbt den Fuchsbau? Kreuze an.

die Fuchsmutter ☐ der Fuchsvater ☐

Wann öffnen Fuchsbabys ihre Augen? Kreuze an.

nach 4 Tagen ☐ nach 2 Wochen ☐ nach 4 Wochen ☐

Was fressen Füchse?

Welche Feinde hat der Fuchs? Kreuze richtig an.

Waschbär ☐ Uhu ☐ Dachs ☐ Steinadler ☐ Hund ☐

Kreuze richtig an.	stimmt	stimmt nicht
Ein Fuchsbau hat einen Eingang.	☐	☐
Die Füchsin bekommt 5 Junge.	☐	☐
Den Text „Der Rotfuchs“ findest du in einem Märchenbuch.	☐	☐
Die Fuchswelpen werden 4 Wochen gesäugt.	☐	☐
Der Fuchs frisst Gänse.	☐	☐
Viele Füchse sterben im Straßenverkehr.	☐	☐

1. Fragen zum Sachtext von Seite 81 beantworten

Das Delfinmädchen

1. 👓 – ✏️

In jedem Satz fehlt ein Wort. Du findest es im Text.
Schreibe es in die dazugehörigen Kästchen.
Senkrecht ergibt sich ein Lösungswort.

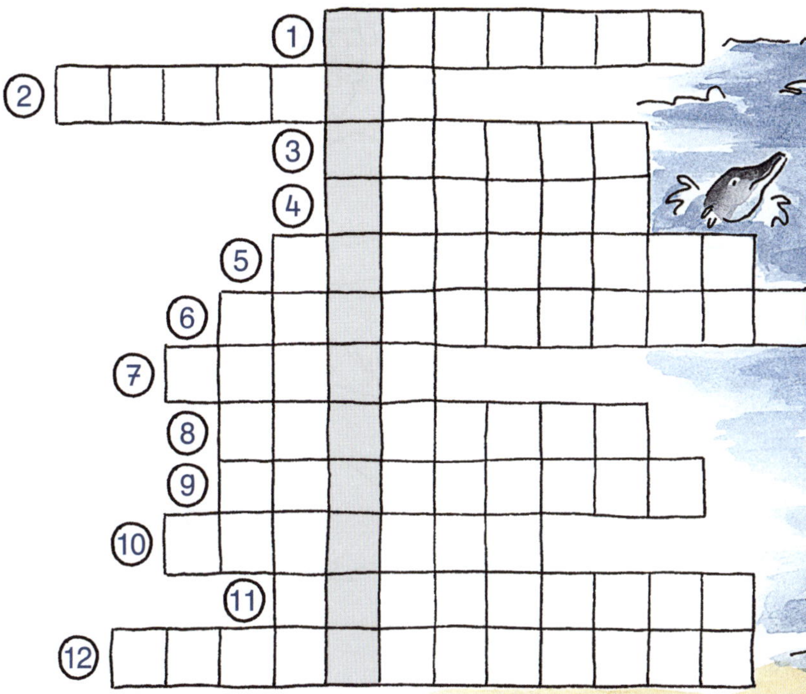

① Willst du die … sehen?
② Da brauchte sie keine …
③ Irene und Peter … schon voraus.
④ Sie mussten Eintritt bezahlen und einem Führer …
⑤ „Delfine sind …“
⑥ „Delfine sind nicht …“
⑦ Wahrscheinlich hatte sie … vor einer Fahrt mit dem Boot.
⑧ Das Boot … langsam auf das Meer hinaus.
⑨ Alle … hielten den Atem an.
⑩ „Einer der Delfine … Maria!“
⑪ Sie hörte sofort auf zu …
⑫ „Er will dich …“

2. ✏️ Lösung: Eine Gruppe von Delfinen nennt man:

1. Passende Wörter zu den Sätzen in die Felder mit zwei Farben schreiben
2. Lösungswort mit zwei Farben schreiben

1. Male das Bild passend zum Gedicht farbig aus.

1. Bild passend ausmalen

1.

Wie viele Strophen hat das Gedicht?

Schreibe die Reimwörter auf:

Haus – Maus

Ergänze den Text:

Das Gedicht vergleicht die Buche mit einem ___ ___ ___ ___ .

Die vier Strophen stellen die einzelnen ___ ___ ___ ___ ___ ___ ___ ___ ___ ___ dar.

Die Tiere werden als ___ ___ ___ ___ ___ ___ bezeichnet.

Sie müssen aber keine ___ ___ ___ ___ ___ bezahlen.

In der richtigen Reihenfolge ergibt sich ein anderes Wort für Haus: ___ ___ ___ ___

Überlegt gemeinsam. Was bedeutet:

a) „Nagt am Hungertuch"?

b) „Sitzt ein Protz im ersten Stock"?

1. Fragen zum Gedicht beantworten

Herbstgedicht

zu S. 109

1. Lies das Gedicht in der Silbenfibel auf der Seite 109.
2. Ordne jeder Strophe die passende Bewegung zu.

1. Strophe – B,

Ⓐ Wir gehen umher und schleifen die Füße am Boden. Wir reiben eine Tüte in den Händen.

Ⓓ Wir strecken die Arme mehrmals in die Höhe und lassen sie nach unten sinken. Wir lassen die Tüte fallen.

Ⓑ Wir strecken beide Hände hoch über den Kopf und führen sie nacheinander schaukelnd nach unten bis auf den Boden.

Ⓔ Wir gehen schnell durcheinander und wirbeln mit den Händen durch die Luft. Wir atmen auch ein lautes „sch“ aus.

Ⓒ Wir bewegen uns schneller und atmen lauter. Zum Schluss setzen wir uns still auf den Boden.

3. Wenn euch das Gedicht gefällt, könnt ihr es vortragen und tanzen.

1. Gedicht lesen
2. Passende Bewegungen zuordnen
3. Kreatives Spiel

Winterlied

zu S. 111

1. Lies das Gedicht.
2. Welche Strophe gefällt dir am besten?
   Wähle die passende Überschrift aus und male ein Bild dazu.

Obdachlose leiden unter der Kälte

Eisblumen am Fenster

Eislaufen

Der erste Schnee

Weihnachtszeit

1. Gedicht lesen
2. Überschrift wählen und Bild malen

Ein Zirkusabenteuer – ABCdarium zu S. 112, 113

1. Schreibe zu jedem Buchstaben ein Wort aus dem Zirkus.

Artist	N
B	O
C	P
D	Q
E	R
F	S
G	T
H	U
I	V
J	W
K	X
L	Y
M	Z

1. Passende Wörter mit zwei Farben schreiben

ABC der Tiere 1
Arbeitsheft

Ausgabe Bayern

Teil A

Erarbeitet von
Klaus Kuhn

Illustriert von
Heike Treiber

Name: ______________________________

Klasse: ______________________________

Mildenberger

Inhalt

Die Symbole bedeuten

 Lies und führe gleichzeitig den Finger der Schreibhand in Bögen unter den Silben mit.

 Schreibe in das Arbeitsheft.

 Male in das Arbeitsheft.

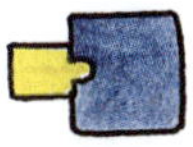 Verbinde Silben, Wörter und Bilder.

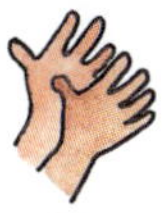 Sprich und klatsche dazu.

 Höre bestimmte Silben heraus.

 Stelle den Mini-Silbenschieber ein.

 Stelle den Silbenschieber ein.

 Stelle den Wortautomaten ein.

Silbe Spure nach und schreibe mit zwei Farben.

 Klassengespräch

 Partner- oder Gruppenarbeit

 Hefteintrag

 Mit der Lauttabelle lautgetreue Wörter schreiben

1.

2.

mi	Mu	mi	mu
mu	mi	Mi	mu

1. Silbenkärtchen in Partnerarbeit zuordnen
2. Alle **Mi**/**mi**-Rahmen gelb, alle **Mu**/**mu**-Rahmen grün ausmalen

1. 

2. 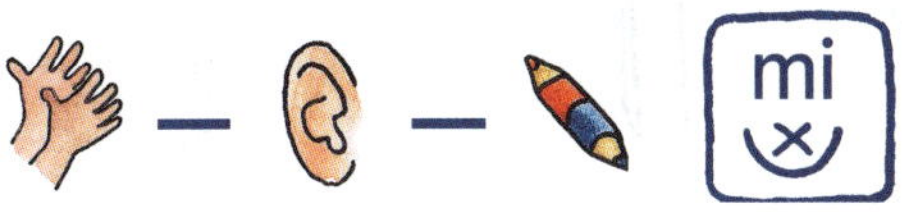

3. 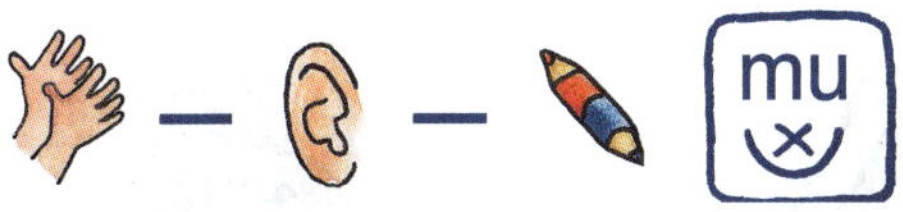

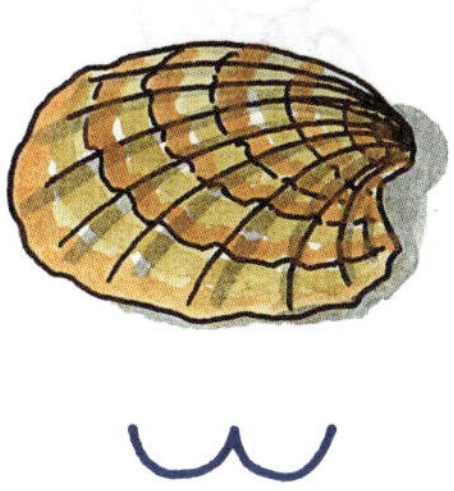

1. Im Klassengespräch die Bildwörter von Aufgabe 2 und 3 klären, synchron sprechen und klatschen, auf **Mi**/**mi** bzw. **Mu**/**mu** abhören und im passenden Silbenbogen ankreuzen: Mikado, Salami, Mimi, Muschel, Musik, Mumie.
2. In Einzelarbeit Bildwörter synchron sprechen und klatschen, auf **Mi**/**mi** abhören und markieren.
3. In Einzelarbeit Bildwörter synchron sprechen und klatschen, auf **Mu**/**mu** abhören und markieren.

1.

2. –

1. Einführung der Gebärden **mu – u – mi – i**
2. Gesprächsanlass: Nachspuren (siehe Seite 3, Symbole)
   Zu den Gebärden schreiben: mu, u, mu, mi, i

1.  –  mu u mi i

2.  –  – 

1. Mini-Silbenschieber in Partnerarbeit einstellen: **mu – u – mi – i**
2. Nach Diktat Mini-Silbenschieber einstellen und schreiben: **ᴉ – ᴉɯ – nɯ – n – nɯ – ᴉɯ**

1. 

2. 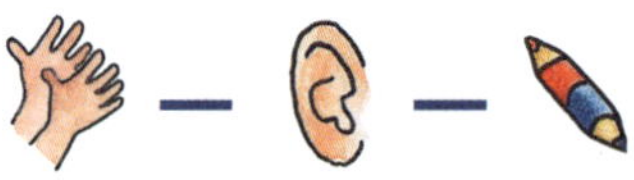 mo

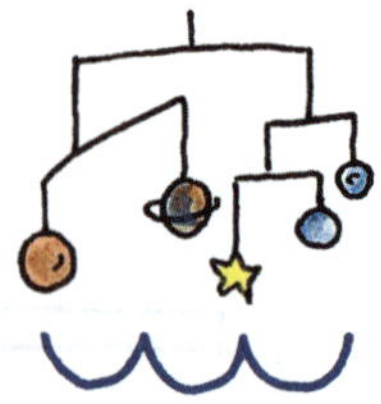

3. 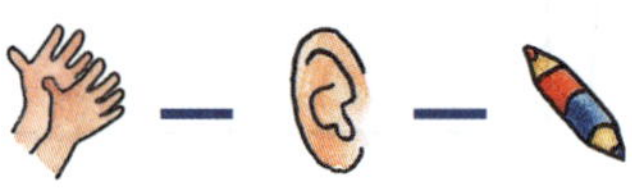 mu mi

1. Im Klassengespräch die Bildwörter von Aufgabe 2 und 3 klären, synchron sprechen und klatschen, auf **Mo/mo**, **Mu/mu** oder **Mi/mi** abhören und im passenden Silbenbogen ankreuzen: Motorrad, Thermometer, Limo, Lokomotive, Momo, Mobile, Mikado, Domino, Musikanten, Mikroskop, Salami, Minigolf
2. In Einzelarbeit Bildwörter synchron sprechen und klatschen, auf **Mo/mo** abhören und markieren
3. In Einzelarbeit Bildwörter synchron sprechen und klatschen, auf **Mu/mu** bzw. **Mi/mi** abhören und markieren

Momo

1.

2.

3.

1. Einführung der Gebärden **mo – o**
2. Zu den Gebärden schreiben: mo, o, mi, mu
3. Mit der passenden Anfangssilbe verbinden: Momo, Mimi, Musikanten, Motorrad, Mikroskop, Mobile

1.

mo mu mi Mo Mu Mi

Momo mu mi Mimi

i mo u mo o mo

2.

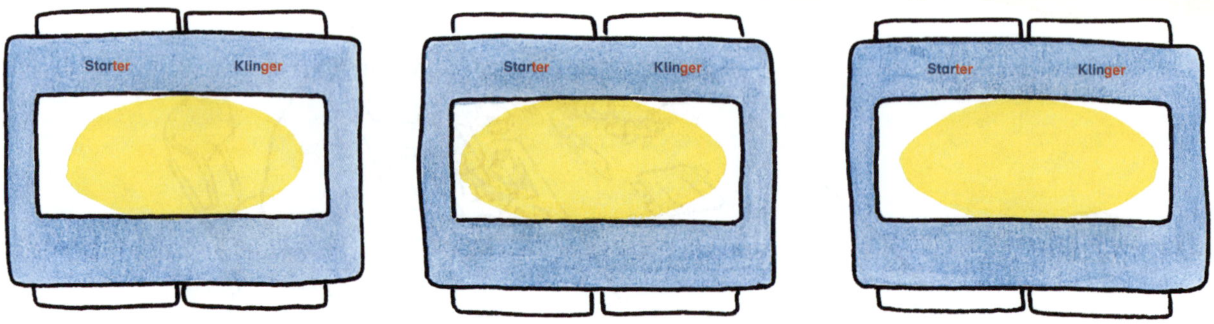

3.

Momo

1. Lesen und gleichzeitig den Finger der Schreibhand in Bögen unter den Silben mitführen
2. Nach Diktat Mini-Silbenschieber einstellen und schreiben: **nɯ – o – oɯ**
3. Gesprächsanlass: Mit zwei Farben nachspuren, mit zwei Farben schreiben
Namen mit zwei Farben schreiben: Momo, Mimi, Mio

1.

2.

1. Gesprächsanlass: Die Geschichte „Momo“ von Michael Ende
2. Silben abstreichen und Namen in zwei Farben schreiben: 2 x Momo, 2 x Mimi, 2 x Mio

1.

2. – – ma

3. – – mo mu

1. Im Klassengespräch die Bildwörter von Aufgabe 2 und 3 klären, synchron sprechen und klatschen, auf **Ma/ma**, **Mo/mo** oder **Mu/mu** abhören und im passenden Silbenbogen ankreuzen bzw. nicht zutreffendes Bild streichen: Maler, Tomate, Oma, Motorrad, Mama, Mimi, Waschmaschine, Lama, Musikanten, Momo, Mobile, Muschel, Motorrad, Thermometer, Mumie, Limonade
2. In Einzelarbeit Bildwörter synchron sprechen und klatschen, auf **Ma/ma** abhören, markieren oder streichen
3. In Einzelarbeit Bildwörter synchron sprechen und klatschen, auf **Mo/mo** bzw. **Mu/mu** abhören und markieren

1.

2.

3.

Mo Mu Ma 

Mu Ma Mi 

Ma Mu Mi 

Mo Mi Mu 

Mi Ma Mo 

Mo Mi Ma 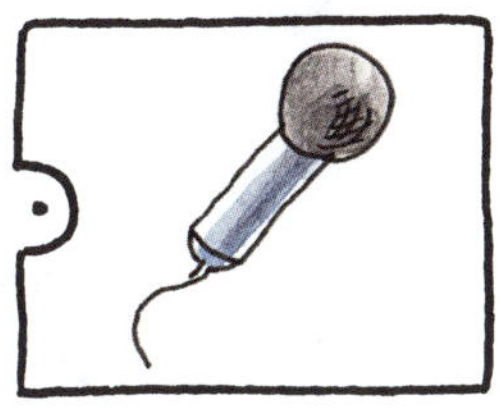

4.

1. Einführung der Gebärden **ma – a**
2. Zu den Gebärden schreiben: ma, mo, a, mu
3. Mit der passenden Anfangssilbe verbinden: Mobile, Maler, Mama, Mikado, Motorrad, Mikrofon
4. Mit der Lauttabelle lautgetreue Wörter schreiben: Lama

1.

mo mo ma mo mu

Ma mo Mu ma Mo

i ma u ma o ma

Oma Mama Omi

2.

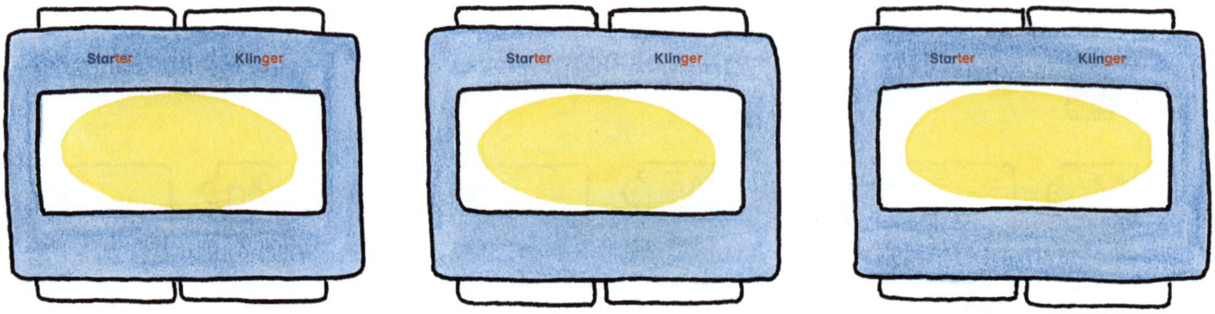

3.

1. Lesen und gleichzeitig den Finger der Schreibhand in Bögen unter den Silben mitführen
2. Nach Diktat Mini-Silbenschieber einstellen und schreiben: ma – mo – i
3. Namen mit zwei Farben schreiben: Mama, Mia, Oma bzw. Omi

1. Ma ma am

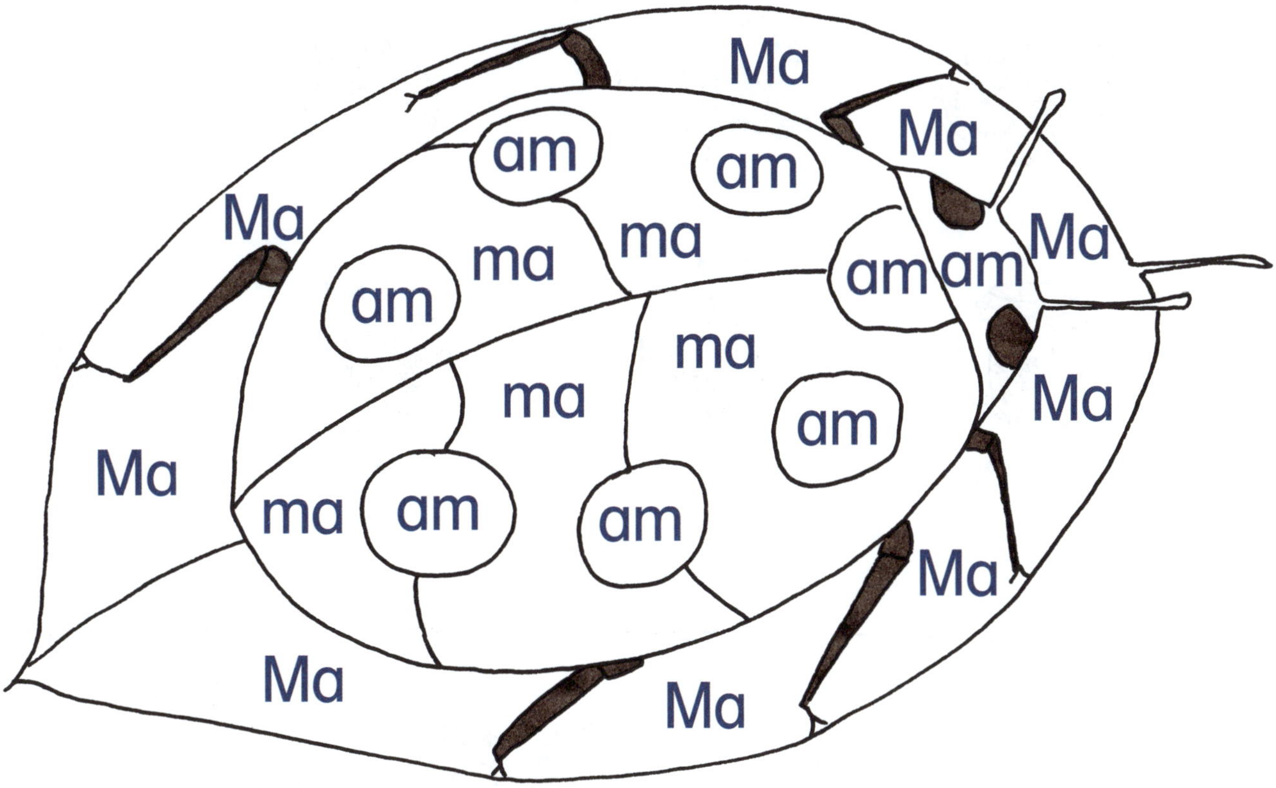

2.

 im ~~mi~~ 

Oma am ma 

 am ma 

Mia im mi 

 mi im 

Mama ma am 

1. Ausmalbild: Unterscheiden von **Ma – ma – am**
2. Unzutreffendes streichen

1. 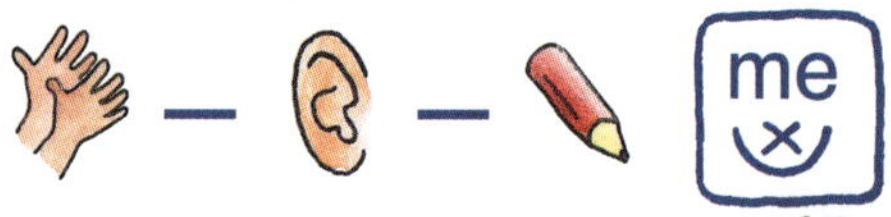

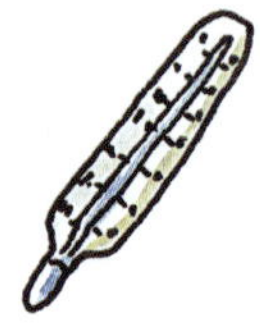

2. 

3. 

1. Im Klassengespräch die Bildwörter von Aufgabe 1 klären, synchron sprechen und klatschen und **me** im passenden Silbenbogen ankreuzen bzw. nicht zutreffendes Bild streichen: Melone, Kamele, Tomate, Medizin, Marmelade, Lama, Memo, Thermometer
2. Einführung der Gebärden **e – me**
3. Zu den Gebärden schreiben: e, a, me, ma

1. 

Ma
Me
Mo

Me
Mu
Mi

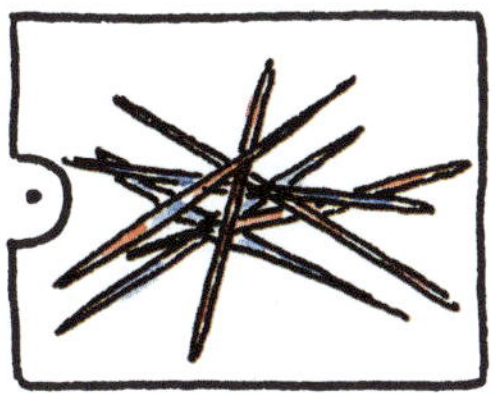

Mo
Ma
Me

Mi
Me
Mu

Mo
Ma
Me

Mi
Me
Mu

2. 

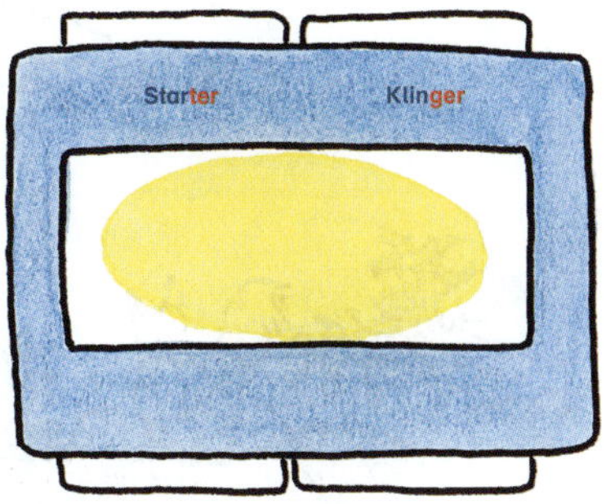

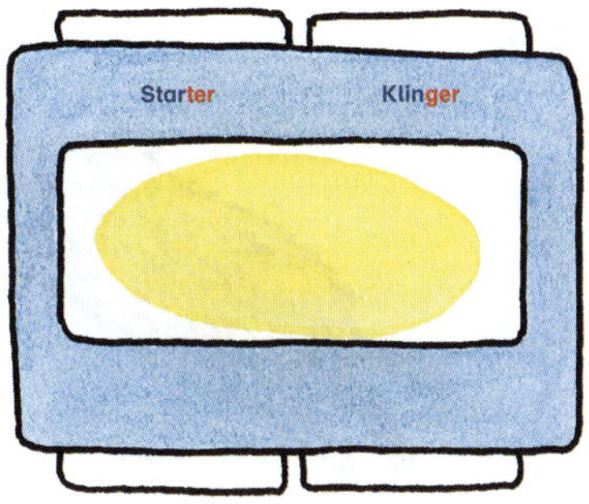

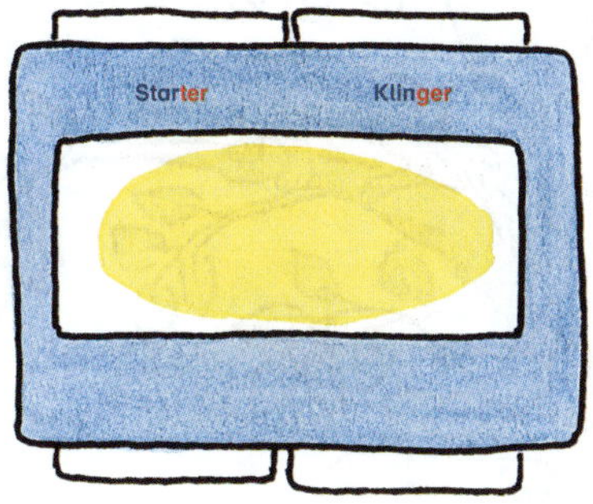

3.

Memo | Mama | Mio | Mia | Oma

1. Mit der passenden Anfangssilbe verbinden: Melone, Mikado, Mobile, Musik, Motorrad, Memo
2. Nach Diktat Mini-Silbenschieber einstellen und schreiben: me – e – a
3. Namen mit derselben Farbe wie die Bilderrahmen ausmalen

1.

2.

1. Lesen und gleichzeitig den Finger der Schreibhand in Bögen unter den Silben mitführen
2. Namen mit zwei Farben schreiben: Memo, Mia, Mio, Mimi, Mama, Momo

1.

○ Mimi ist am .

○ Memo ist am .

○ Memo ist im .

○ Oma ist im .

○ Mama ist am .

○ Mama ist am .

2. im am mi ma

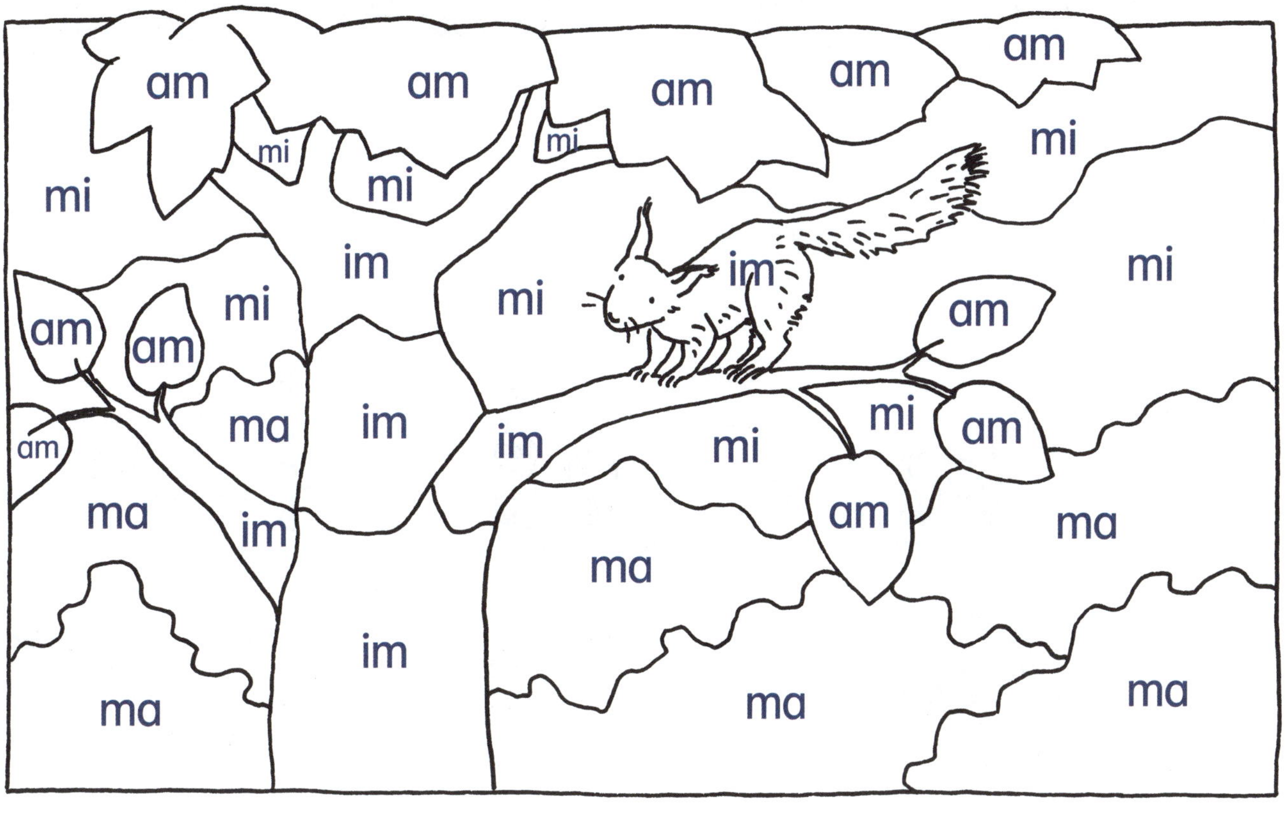

1. Zutreffenden Satz ankreuzen
2. Ausmalbild: Unterscheiden von **mi – im, ma – am**

1.

2.

3.

Mi
Lo
La

Me
Li
Mu

Mu
Lo
Li

Le
Mu
Lo

Le
La
Mi

Mi
Li
Mo

1. Einführung der Gebärden **la – le – li – lo – lu**
2. Zu den Gebärden schreiben: la, ma, le, me, li, i, lo, la
3. Mit der passenden Anfangssilbe verbinden: Lama, Limo, Lilo, Leopard, Laterne, Lineal

1.

2. 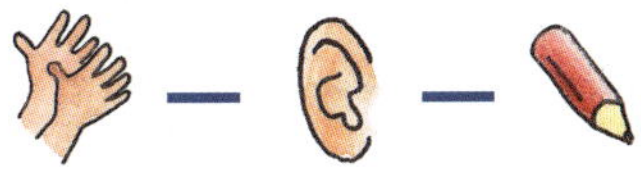 La, la | Le, le | Li, li | Lo, lo | Lu, lu

La

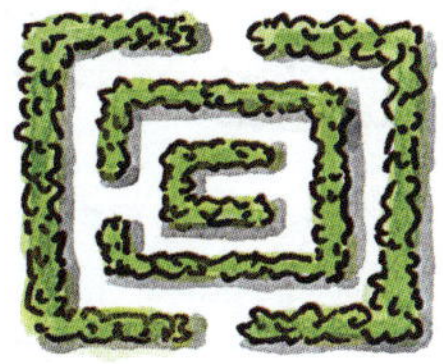

3.

1. Im Klassengespräch alle Bildwörter klären, synchron sprechen und klatschen, auf **La/la**, **Le/le**, **Li/li**, **Lo/lo**, **Lu/lu** abhören und schreiben: Lama, Laterne, Labyrinth, Limo, Libelle, Melone
2. In Einzelarbeit Bildwörter synchron sprechen und klatschen, auf **La/la**, **Le/le**, **Li/li**, **Lo/lo**, **Lu/lu** abhören und schreiben
3. Mit der Lauttabelle lautgetreue Wörter schreiben: ədn˥

1.

a ma la e me le

i mi li o mo lo

u mu lu a me li

mi im i ma am a

2.

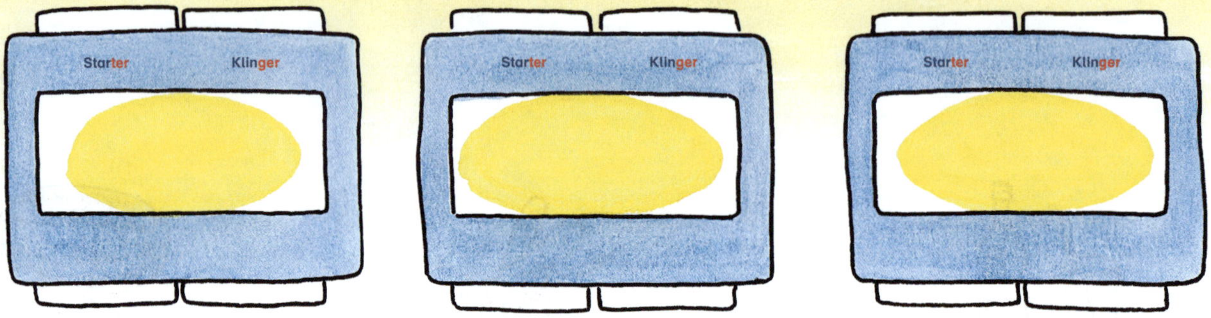

3.

1. Lesen und gleichzeitig den Finger der Schreibhand in Bögen unter den Silben mitführen
2. Nach Diktat Mini-Silbenschieber einstellen und schreiben: la – ma – le
3. Namen mit zwei Farben schreiben: Limo, Lama, Lilo

1.

① Papa ist am  .

② Papa ist am  .

③ Papa ist am  .

④ Papa ist am  .

⑤ Papa ist am  .

⑥ Papa ist am  .

1. Sätze lesen, Weg einzeichnen und nummerieren

1.

a ma la E Me Le

i mi li O Mo Lo

u mu lu A Ma La

im ma Lu am mi

2.

u O U a

I e A E

i A I e

3.

EmumaOmaalMamaLmoMiomaMiaaLama

Emu

1. Lesen und gleichzeitig den Finger der Schreibhand in Bögen unter den Silben mitführen
2. Mit dem passenden Anfangsbuchstaben verbinden: Uhu, Emu, Igel
3. Namen einkreisen und mit zwei Farben schreiben

1.

2. – – – A E I O U

3.

1. Im Klassengespräch die Vokale in Großbuchstaben einführen, alle Tiernamen klären, synchron sprechen und klatschen: Ameise, Elefant, Igel, Orang-Utan, Uhu
2. Im Klassengespräch die weiteren Bildwörter klären: Esel, Aquarium, Oma
   In Einzelarbeit Bildwörter synchron sprechen und klatschen, auf **A**, **E**, **I**, **O**, **U** abhören und schreiben
3. Mit der Lauttabelle lautgetreue Wörter schreiben: Ufo

1.

◯ Mia und Mio sind am .

◯ Mia und Memo sind am .

◯ Mia und Mama sind am .

◯ Mio und Mimi sind am .

2.

1. Richtigen Satz ankreuzen
2. Namen mit zwei Farben schreiben: Oma, Emu, Mia, Lilo, Memo, Lama

1. 

 Mio und Mia ~~ist~~ sind im  .

 Mio ist ~~sind~~ im  .

2. 

Mia ist sind am  .

Mia und Mama ist sind am  .

Mio und Mimi ist sind am  .

Mio ist sind am 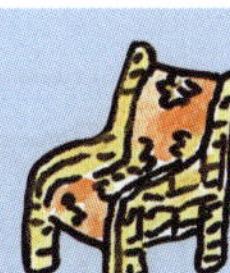 .

3. 

1. Im Klassengespräch anhand des Beispiels den Unterschied zwischen **ist** und **sind** klären
2. Unzutreffendes Wort durchstreichen
3. Mit der Lauttabelle lautgetreue Wörter schreiben: ןəᵷ|

1.

2.

3.

Ti
Mi
Te

La
Ti
Te

Ta
Tu
La

Te
Ti
Li

Tu
Mu
To

To
Ma
Ta

1. Einführung der Gebärden **ta – te – ti – to – tu**
2. Zu den Gebärden schreiben: ta, ti, tu, to, la, te, mu, e
3. Mit der passenden Anfangssilbe verbinden: Telefon, Tiger, Tafel, Timo, Tube, Taxi

Tila und Toto

zu S. 18, 19

1.

2. – – Ta, ta | Te, te | Ti, ti | To, to | Tu, tu

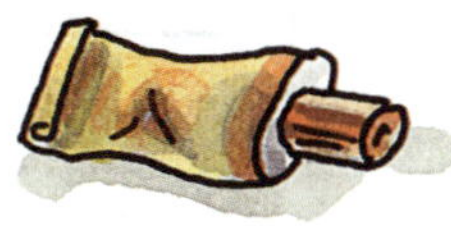

3.

1. Im Klassengespräch alle Bildwörter klären, synchron sprechen und klatschen, auf **Ta/ta**, **Te/te**, **Ti/ti**, **To/to**, **Tu/tu** abhören und schreiben: Tila, Telefon, Tomate, Tafel, Timo, Tapete, Taxi, Tube
2. In Einzelarbeit Bildwörter synchron sprechen und klatschen, auf **Ta/ta**, **Te/te**, **Ti/ti**, **To/to**, **Tu/tu** abhören und schreiben
3. Mit der Lauttabelle lautgetreue Wörter schreiben: ¡dᴉ⊥

1.

La te me te lu te

Ta le Te le Ti le

Mi tu Lo tu Ma tu

A te E tu I ta O

2.

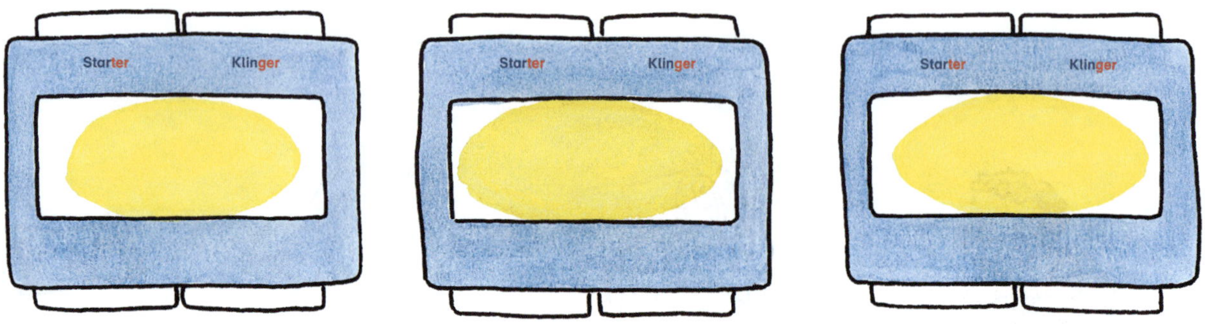

3.

1. Lesen und gleichzeitig den Finger der Schreibhand in Bögen unter den Silben mitführen
2. Nach Diktat Mini-Silbenschieber einstellen und schreiben: ta – te – tu
3. Namen mit zwei Farben schreiben: Tila, Timo, Toto

1.

○ Lilo ist am .

○ Timo ist am .

○ Papa ist am .

○ Timo malt Tila.

○ Lili malt Tila.

○ Lili malt Toto.

2.

Male Tila im .

Male Toto am .

Male Oma am .

1. Zutreffenden Satz ankreuzen
2. Nach Anweisung malen

1.

2.

3.

1. Einführung der Gebärden **ra – re – ri – ro – ru**
2. Zu den Gebärden schreiben: re, ro, ri, ru, mu, ra, ti, le
3. Wörter beginnen mit ..., nicht zutreffendes Bild streichen: Roboter, Regen, Rose, Rosinen; Regen, Rehe, Regal, Radiergummi; Rose, Rabe, Radio, Radieschen

1. 

2. 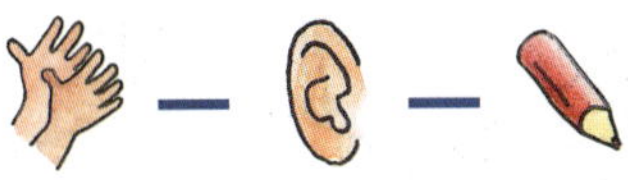 Ra Re Ri Ro Ru

3.  

1. Im Klassengespräch alle Bildwörter klären, synchron sprechen und klatschen, auf **Ra**, **Re**, **Ri**, **Ro**, **Ru** abhören und schreiben: Rabe, Regen, Rebe, Roboter, Regal, Rakete, Ruder, Rose
2. In Einzelarbeit Bildwörter synchron sprechen und klatschen, auf **Ra**, **Re**, **Ri**, **Ro**, **Ru** abhören und schreiben
3. Mit der Lauttabelle lautgetreue Wörter schreiben: Radio

1.

Ra re Ri ro Ru ra

Ta re Mi lo ru me

La ri To Li Re Mu

Ma ri Lo ri Ro mi

2. – –

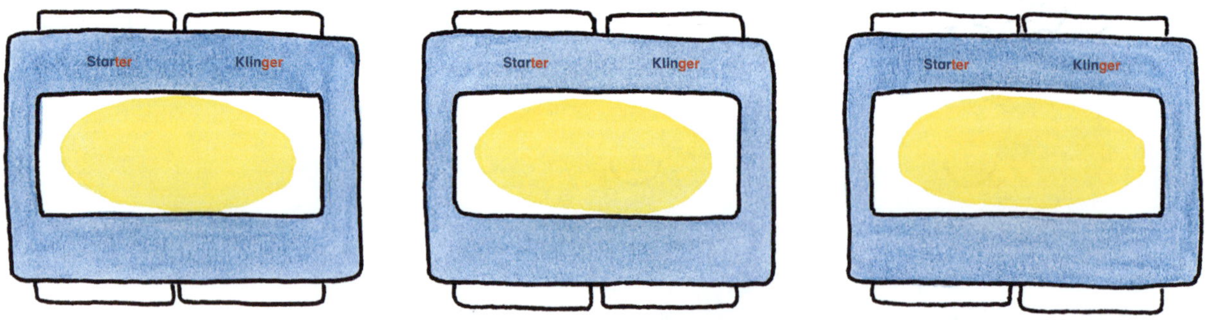

3.

Mimi

1. Lesen und gleichzeitig den Finger der Schreibhand in Bögen unter den Silben mitführen
2. Nach Diktat Mini-Silbenschieber einstellen und schreiben: ra – re – ro
3. Passenden Tiernamen mit zwei Farben schreiben: Mimi, Memo, Ria, Tila, Lama

1.

2.

Papa ist am . Papa ruft ______.

Mia ist im . Mia ruft ______.

Oma ist am . Oma ruft ______.

Mio ist am . Mio ruft ______.

Muli ______ ruft ______.

1. Gesprächsanlass: Wer ist zu Hause?
2. Sätze ergänzen und mit zwei Farben schreiben: Mia, Mama, Mio, Ria, ia

1.

2.

3.

1. Einführung der Gebärden **sa – se – si – so – su**
2. Zu den Gebärden schreiben: so, si, se, su, ra, sa
3. Wörter beginnen mit ..., nicht zutreffendes Bild streichen: Soße, Sofa, Socken, Segelboot; Salat, Saxofon, Silo, Satellit

1.

2.

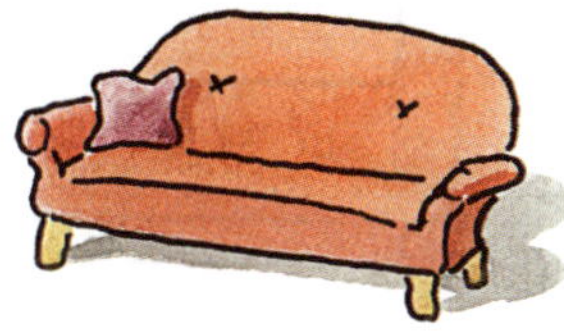

3.

1. Im Klassengespräch alle Bildwörter klären, synchron sprechen und klatschen, auf **Sa/sa**, **Se/se**, **Si/si**, **So/so**, **Su/su** und alle bis jetzt bekannten Silben abhören und schreiben: Soße, Salami, Silo, Segelboot, Susi, Hose, Saxofon, Salate, Sofa.
2. In Einzelarbeit Bildwörter synchron sprechen und klatschen, auf **Sa/sa**, **Se/se**, **Si/si**, **So/so**, **Su/su**, und alle bis jetzt bekannten Silben abhören und schreiben
3. Mit der Lauttabelle lautgetreue Wörter schreiben: Hase

1.

sa ma te ri so

Se me Lo mi su

si mi ru ti sa

So mo le Mu si

2.

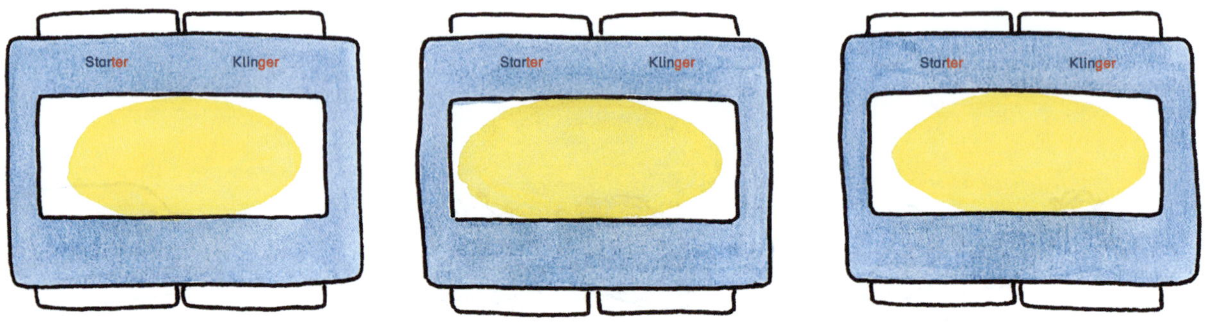

3.

1. Lesen und gleichzeitig den Finger der Schreibhand in Bögen unter den Silben mitführen
2. Nach Diktat Mini-Silbenschieber einstellen und schreiben: **ta – te – tu**
3. Namen mit zwei Farben schreiben: Lisa, Susi, Sara

1.

Mama ist

○ im  .

○ am  .

Papa mag

○  .

○  .

Sara ist

○ am  .

○ im  .

2.

Lisa ________  .

 ________  .

3.

 ________

1. Zutreffenden Satz ankreuzen
2. Sätze ergänzen
3. Mit der Lauttabelle lautgetreue Wörter schreiben: uoɟoxɐS

1.

2.

3. – – –

1. Einführung der Gebärden **wa – we – wi – wo – wu**
2. Zu den Gebärden schreiben: we, mo, wi, ti, wu, wo, lu, wa
3. Im Klassengespräch alle Bildwörter klären: Wikinger, Karawane, Wagen, Wale, Lawine, Uwe
   In Einzelarbeit Bildwörter synchron sprechen und klatschen, auf bekannte Silben abhören und schreiben

1.

we
se
re

re
te
le

se
we
le

le
re
te

le
se
we

re
we
se

2.

3.

1. Mit der passenden Endsilbe verbinden: Löwe, Wale, Rose, Kiste, Möwe, Hase
2. Tiere mit dazugehörender „Behausung“ verbinden
   Passende Tiernamen mit zwei Farben schreiben: Mimi, Wito, Ria, Memo, Lama
3. Mit der Lauttabelle lautgetreue Wörter schreiben: Schule

1.

wa la su ri to

we lo ra mi la

wu le ma si ro

Wi ra Wo ru ma

2.

3.

1. Lesen und gleichzeitig den Finger der Schreibhand in Bögen unter den Silben mitführen
2. Nach Diktat Mini-Silbenschieber einstellen und schreiben: wi – ra – so
3. Passenden Namen mit zwei Farben schreiben: Uwe, Wito, Tilo

1.

2.

Wito

1. Wito sucht den richtigen Weg durch das Labyrinth zu Uwe: Silben lesen und diejenigen abstreichen, die ein bekanntes Wort ergeben
2. Wörter aus dem Labyrinth mit zwei Farben schreiben: Wito, Salami, Rute, Tomate, Salate, Limo, Rose, Uwe
Den richtigen Weg im Labyrinth einzeichnen

Didel dadel dudel

zu S. 26, 27

1.

2.

3. – – –

1. Einführung der Gebärden **da – de – di – do – du – del**
2. Zu den Gebärden schreiben: da, ta, del, di, del, ti
3. Im Klassengespräch alle Bildwörter klären: Dose, Delfin, Dino, Badewanne, Mandarine, Domino
In Einzelarbeit Bildwörter synchron sprechen und klatschen, auf bekannte Silben abhören und schreiben

1. 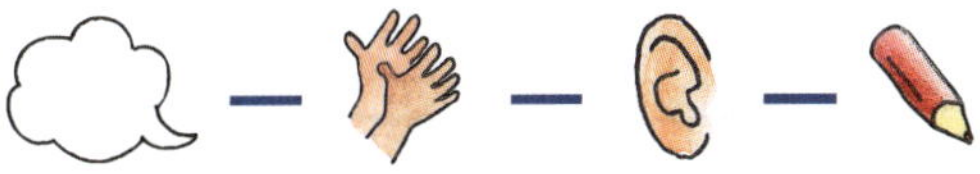

2. 

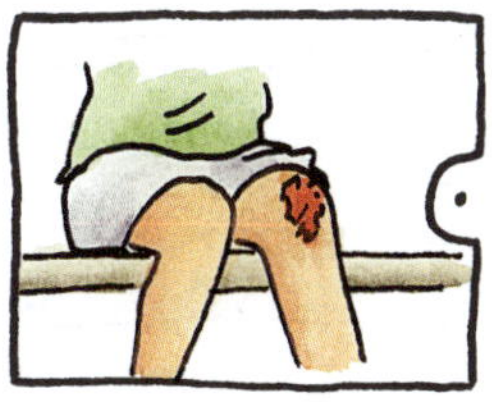
de
re
se

le
me
se

se
te
le

le
re
se

we
se
de

le
re
me

se
re
le

se
re
me

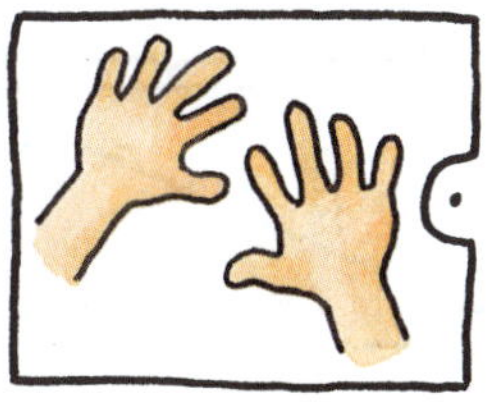
re
de
we

3. 

1. Im Klassengespräch alle Bildwörter klären: Dudelsack, Pudel, Windel, Edelstein, Wendeltreppe, Nadel
In Einzelarbeit Bildwörter synchron sprechen und klatschen, auf bekannte Silben abhören und schreiben
2. Mit der passenden Endsilbe verbinden: Wunde, Hose, Hüte, Riese, Rinde, Stühle, Bluse, Blume, Hände
3. Mit der Lauttabelle lautgetreue Wörter schreiben: Telefon

Didel dadel dudel

1.

2. –

1. Lesen und gleichzeitig den Finger der Schreibhand in Bögen unter den Silben mitführen
2. Nach Diktat Silbenschieber einstellen und schreiben: **sɐp – ɐp – ləp – əp**

1.

2.

Wer ist im Turm?

Doris ist im Turm.

Wer ist im Tor?

Wer ist im Wald?

1. Gesprächsanlass: Besuch im Märchenwald
2. Fragen lesen und Anworten mit zwei Farben schreiben

1.

2.

3.

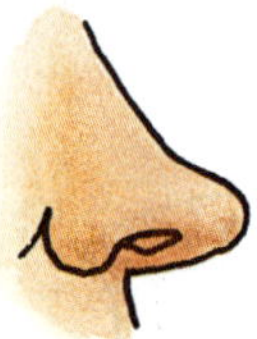

1. Einführung der Gebärden **na** – **ne** – **ni** – **no** – **nu**; Gegenüberstellung von m und n
2. Zu den Gebärden schreiben: uəɯ ‘əu ‘əɯ ‘sıu ‘ɐu ‘ɐɯ
3. Im Klassengespräch alle Bildwörter klären: Nase, Note, Banane, Kanone, Nagel, Biene
   In Einzelarbeit Bildwörter synchron sprechen und klatschen, auf bekannte Silben abhören und schreiben

1.

Wun
Win
Wan

Tin
Ten
Tan

Min
Mon
Man

Lam
Lum
Lom

Run
Ran
Rin

Win
Wan
Wun

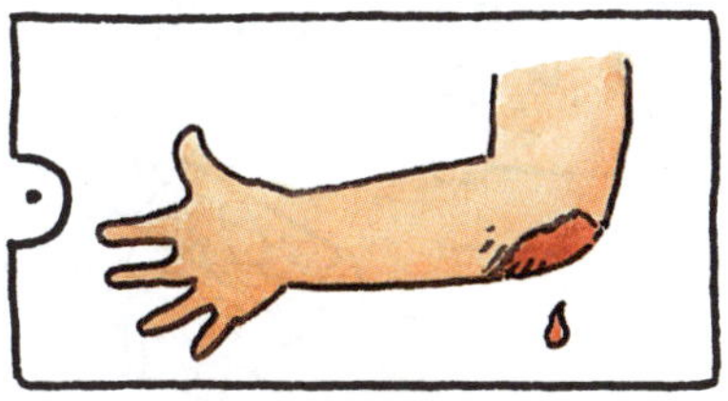

Tur
Tar
Tor

Lum
Lem
Lam

2. Was alle tun:

3.

1. Mit der passenden Anfangssilbe verbinden: Winter, Tinte, Mantel, Lampion, Rinde, Wunde, Torte, Lampe
2. Passende Verben zu den Bildern mit zwei Farben schreiben: lesen, malen, raten; Differenzierung: Sätze schreiben
3. Mit der Lauttabelle lautgetreue Wörter schreiben: Pudel

1.

na ma ne mo nu

men ten ren tan to

lin wol den la sin

Nadel Rosen Mond

2. –

1. Lesen und gleichzeitig den Finger der Schreibhand in Bögen unter den Silben mitführen
2. Nach Diktat Silbenschieber einstellen und schreiben: tan – son – wan – mas

Nina und Nena zu S. 28, 29

1.

2. –

1. Im Klassengespräch Einführung der Begriffe **offene** und **geschlossene Silbe** und Einführung der **Häuschenschreibweise**
2. Im Klassengespräch alle Bildwörter klären: Nase, Tinte, Mantel, Dose, Nadel, Rinde
   In Einzelarbeit Bildwörter mit zwei Farben in Häuschen schreiben

1.

1. Die Verbindung von den Geschenken zu den Familienmitgliedern nachfahren
(Selbst einen Wunschzettel verfassen)

1. Bilder des Ausschneideblattes S. 79 ausschneiden und in der richtigen Reihenfolge aufkleben
2. Den Weihnachtsengel selbst basteln

1. 

2. 

3. 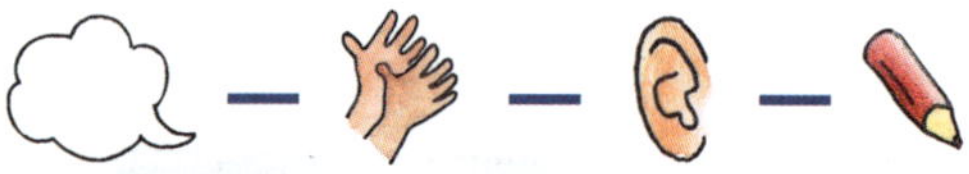

4. 

1. Einführung der Gebärden **scha – sche – schi – scho – schu**
2. Zu den Gebärden schreiben: ǝs ‘nɥɔs ‘ɐɥɔs
3. Im Klassengespräch alle Bildwörter klären: Schule, Schale, Schere, Schafe, Schemel, Schuhe
   In Einzelarbeit Bildwörter synchron sprechen und klatschen, auf bekannte Silben abhören und schreiben
4. Mit der Lauttabelle lautgetreue Wörter schreiben: ꞁǝʞnɐɥɔS

1.

2. –

1. Im Klassengespräch Häuschenschreibweise bei sch einführen:
   3 Buchstaben für einen Laut wohnen in einem Zimmer; Merkspruch „Mit 3 auf einer Leiter – beginnt die Schule heiter."
2. Im Klassengespräch alle Bildwörter klären: Schule, Schale, Schere, Schirme
   In Einzelarbeit Bildwörter mit zwei Farben in Häuschen schreiben

1.

scha Sche schi Schol

schum si sa schem

nasch su wasch so

schel sa wisch se

2. –

1. Lesen und gleichzeitig den Finger der Schreibhand in Bögen unter den Silben mitführen
2. Nach Diktat Silbenschieber einstellen und schreiben: man – wol – mes – tel

1.  – 

2.  – 

1. Wortautomat in Partnerarbeit einstellen
2. Bildwörter am Wortautomat einstellen und silbenweise mit zwei Farben schreiben: Rosine, Ananas, Salami, Melone

1.

①

Sche re

②

③

④

⑤

⑥

2. Was alle tun :

1. Bilder den Gebärden zuordnen und Nomen mit zwei Farben schreiben: Schere, Dusche, Schale, Schemel, Tasche, Schirme
2. Passende Verben zu den Bildern mit zwei Farben schreiben: waschen, naschen; Differenzierung: Sätze schreiben

1.

Tante a → i Tinte

Schale a → u

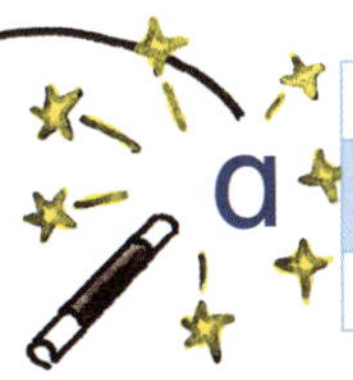

Tische i → a

Nadel a → u

Rose R → D

waschen w → n

2.

3.

1. Zauberwörter finden: Buchstaben austauschen und mit zwei Farben schreiben
2. Nomen mit zwei Farben schreiben: Muschel, Tasche
3. Mit der Lauttabelle lautgetreue Wörter schreiben: Hut

zu S. 34, 35

1. 

2. 

1. Im Klassengespräch die Bildwörter klären: Schulter, Schalter
In Einzelarbeit Bildwörter mit zwei Farben in Häuschen schreiben
2. Begriffe am Wortautomat einstellen und silbenweise mit zwei Farben schreiben: Romane, Lawine, Tomate, Salate

1. Wer ist das?

2.

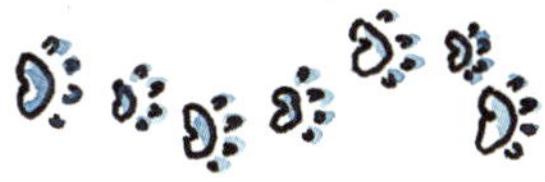

Das ist Mimi.

1. Im Klassengespräch Namen klären: Mimi (Katze), Memo (Eichhörnchen), Ria (Maultier), Wito (Hund), Mia
2. Spuren erkennen und passende Sätze mit zwei Farben schreiben

1.

Schlitten

Sch_itten

Sch_erter

Sch_an

Sch_ee

sch_eller

2.

Schlitten

1. Passende Buchstaben abstreichen und einfügen
2. Wörter von Aufgabe 1 mit zwei Farben schreiben

Der erste Schnee

1.

①

②

③

④

⑤

⑥

2. Wer tut was?

1. Bilder den Gebärden zuordnen und Nomen mit zwei Farben schreiben: Schnee, Schnur, Schwan, Schwert, Schlot, Schwamm
2. Silben abstreichen, Verben zuordnen und mit zwei Farben schreiben; Differenzierung: Sätze schreiben

1.

schla	schle	schli
schwa	schwi	schwe
schra	schre	schru
schna	schne	schnu

2.

Schnit
Schlit
Schrit

Schrul
Schnul
Schmul

Schrüs
Schnüs
Schlüs

Schmet
Schret
Schlet

schnot
schnit
schnat

schnir
schnur
schner

3.

1. Lesen und gleichzeitig den Finger der Schreibhand in Bögen unter den Silben mitführen
2. Mit der passenden Anfangssilbe verbinden: Schlitten, Schnuller, Schlüssel, Schmetterling, schnattern, schnurren
3. Mit der Lauttabelle lautgetreue Wörter schreiben: Schnabel

Der erste Schnee

zu S. 36, 37

Tannen Schnee Simon rollen Schneemann landen Mia Schlitten rasen Schi Mio rennen

1.

2.

3. Was tust du im Winter?

1. Bild anhand der Wörter ergänzen
2. Passend zum Bild Wörter oder ganze Sätze mit zwei Farben schreiben
3. Eigene Texte verfassen

1.

2.

3. – – –

1. Einführung der Gebärde **ei**
2. Zu den Gebärden schreiben: ei, me, mei, sche, schei, de, dei, rei
3. Im Klassengespräch alle Bildwörter klären: Reifen, Seife, Eidechse, Eichel, Schleife, Eisbär
   In Einzelarbeit Bildwörter synchron sprechen und klatschen, auf bekannte Silben abhören und schreiben

1. –

2. Was alle tun :

1. Im Klassengespräch alle Bildwörter klären: Reiter, Meise, Leiter, Leine, Eimer, Schweine
   In Einzelarbeit Bildwörter mit zwei Farben in Häuschen schreiben
2. Passende Verben zu den Bildern mit zwei Farben schreiben: weinen, schneiden, reimen; Differenzierung: Sätze schreiben

1.

scha sche schei ne

sa se sei ne

wa wei we nos

dal dei des tei

2. ein oder eine

3.

1. Lesen und gleichzeitig den Finger der Schreibhand in Bögen unter den Silben mitführen
2. Unbestimmten Artikel **ein**/**eine** passend zu den Abbildungen schreiben: Leiter, Haus, Schere, Busch, Banane, Auto, Flasche, Lampe, Stuhl, Eis, Tisch, Tasse
3. Mit der Lauttabelle lautgetreue Wörter schreiben: Schleife

1.

2.

R	Reiter	M	Meise
L		R	
sch	scheinen	r	reimen
w		l	
m	meine	T	Teile
d		S	
s		W	

1. Klassengespräch: Austausch des „Starters“ bei Reimwörtern
2. Reimwörter mit zwei Farben schreiben

1.

2.

3.

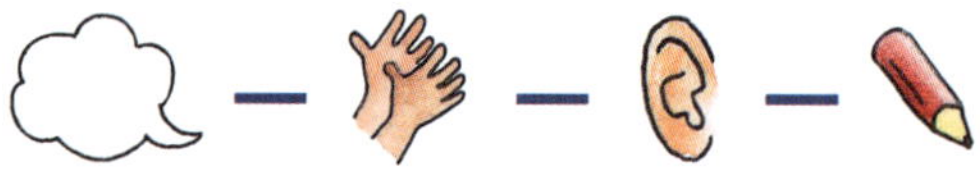

4.

1. Einführung der Gebärden **ka – ke – ki – ko – ku**
2. Zu den Gebärden schreiben: ka, kla, kra
3. Im Klassengespräch alle Bildwörter klären: Kabel, Kragen, Wolke, Kirche, Vulkan, Kasper
   In Einzelarbeit Bildwörter synchron sprechen und klatschen, auf bekannte Silben abhören und schreiben
4. Mit der Lauttabelle lautgetreue Wörter schreiben: Käfer

1. –

2. –

3. Was der Kakadu kann:

1. Im Klassengespräch die Bildwörter klären: Krone, Kleider
   In Einzelarbeit Bildwörter mit zwei Farben in Häuschen schreiben
2. Begriffe am Wortautomat einstellen und silbenweise mit zwei Farben schreiben: Kakadu, Rakete
3. Silben abstreichen und passende Verben zu den Bildern mit zwei Farben schreiben; Differenzierung: Sätze schreiben

1.

Kla	Klei	Ku	Ko	Klet
kra	krei	ku	kro	ket
kna	kle	knu	ko	keit
Kut	Ko	Kri	Ke	Kan

2.

W	K	i	n	d	e	r	s	k	K
e	m	t	i	c	k	e	n	e	a
c	n	W	t	i	o	K	m	n	r
k	t	k	n	a	c	k	e	n	t
e	l	n	m	K	a	r	o	e	e
r	n	l	K	r	i	m	i	n	n

Wecker

1. Lesen und gleichzeitig den Finger der Schreibhand in Bögen unter den Silben mitführen
2. Acht Wörter markieren und mit zwei Farben schreiben

In der Schule zu S. 40, 41

1. Was tun alle Kinder?

2. Was tust du in der Schule?

1. Zu jedem Bild ein passendes Verb und ein passendes Nomen aus dem Wörterpool mit zwei Farben schreiben oder ganze Sätze mit diesem Verb und diesem Nomen bilden und mit zwei Farben schreiben
   Benutzte Wörter im Wörterpool abstreichen
2. Eigene Texte verfassen

1.

2.

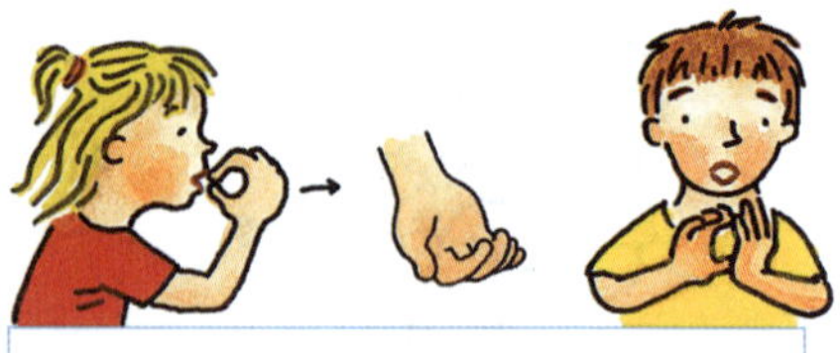

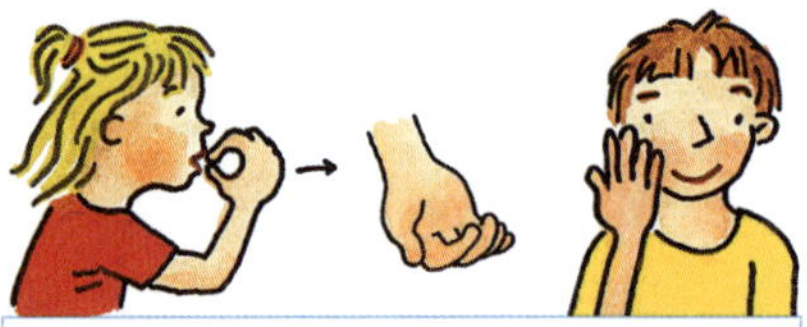

3. – – –

4.

1. Einführung der Gebärde **b**
2. Zu den Gebärden schreiben: ba, bra, bla, bei, blei, brei
3. Im Klassengespräch alle Bildwörter klären: Berge, Trauben, Zwiebel
   In Einzelarbeit Bildwörter synchron sprechen und klatschen, auf bekannte Silben abhören und schreiben
4. Mit der Lauttabelle lautgetreue Wörter schreiben: Brezel

1. –

2. –

3.

Was Kinder tun :

1. Im Klassengespräch die Bildwörter klären: Braten, Blume
   In Einzelarbeit Bildwörter mit zwei Farben in Häuschen schreiben
2. Bildwörter am Wortautomat einstellen und silbenweise mit zwei Farben schreiben: Banane, Rosine
3. Silben abstreichen und passende Verben zu den Bildern mit zwei Farben schreiben; Differenzierung: Sätze schreiben

1.

bla bes bli bos dei

bra ben bis bus do

blu ber blo ber da

brei le bro le du

2.

Simsalabim

Nabel	b → d	
Birke	k → n	
Rabe	a → e	
Wabe	b → d	
leben	e → o	

1. Lesen und gleichzeitig den Finger der Schreibhand in Bögen unter den Silben mitführen
2. Zauberwörter finden: einen Buchstaben austauschen und mit zwei Farben schreiben

1. d b

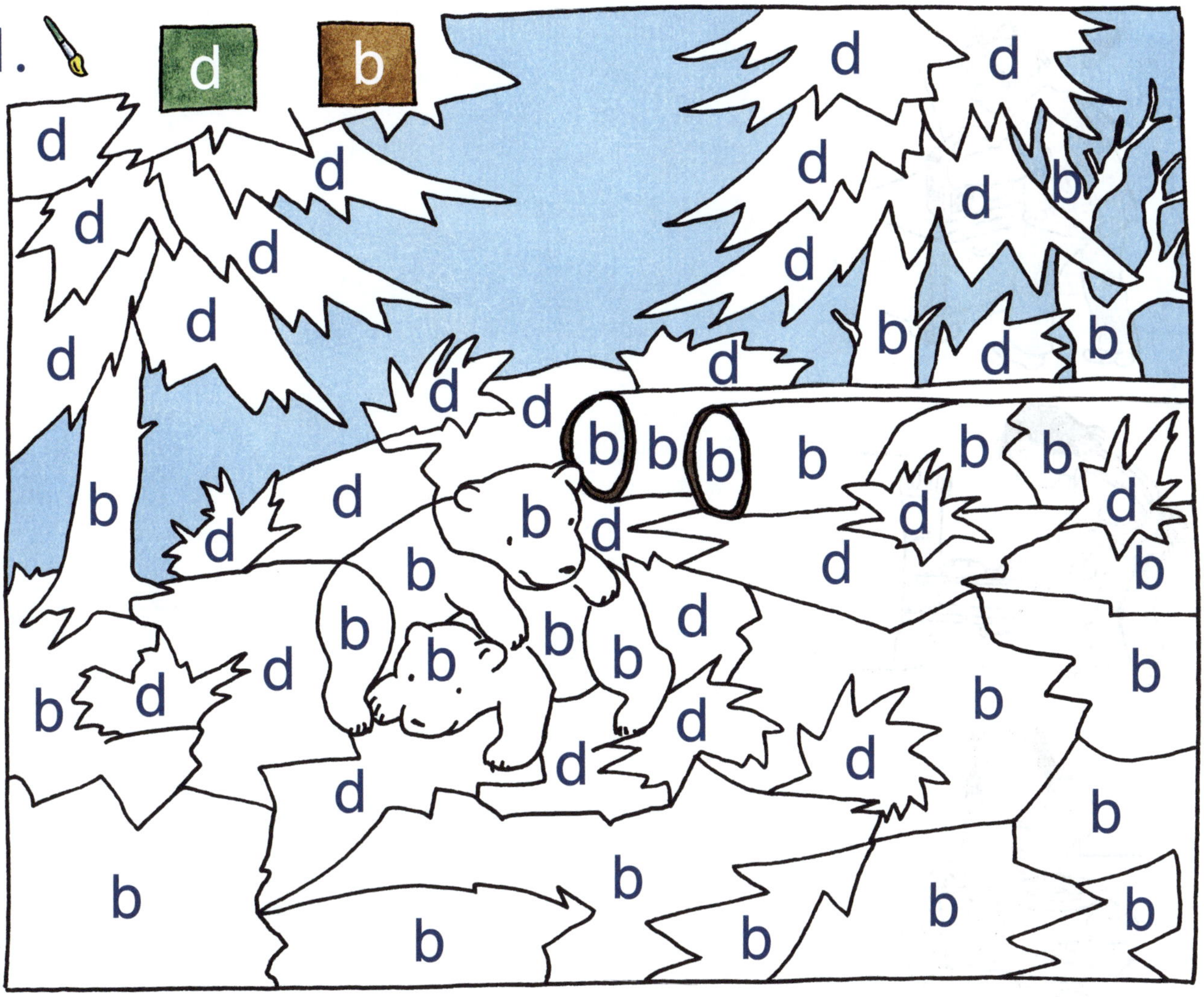

2.

R	Rabe	Sch	Schein
W		B	
R	Rand	Sch	Schall
B		B	

1. Ausmalbild: Unterscheiden von **d** und **b**
2. Reimwörter mit zwei Farben schreiben

zu S. 42, 43

1.

Das schmeckt lecker.

2. Was tust du am Abend ?

1. Zu jedem Bild ein passendes Verb und ein passendes Nomen aus dem Wörterpool mit zwei Farben schreiben oder ganze Sätze mit diesem Verb und diesem Nomen bilden und mit zwei Farben schreiben
Benutzte Wörter im Wörterpool abstreichen
2. Eigene Texte verfassen

1. An der gestrichelten Linie durchschneiden
2. Dann Bilder einzeln ausschneiden